Über den Autor

Christian Gaschler ist Jahrgang 1986 und von Beruf Wirtschaftsingenieur. Diesen Beruf wählte er, weil er sich davon einen raschen Aufstieg in die Führungsetage versprach. Und tatsächlich leitete Christian einige Jahre lang ein Vertriebsteam bei einem Spezialisten für Verbindungstechnik; aber er musste feststellen, dass der eingeschlagene Lebensweg nicht der richtige war. Deshalb gründete er eine Immobilienfirma, um renovierungsbedürftige Wohnungen zu kaufen, aufzuwerten und wieder zu veräußern. Aber auch das stellte ihn auf Dauer nicht zufrieden.

Es folgte eine Sinnkrise, sozusagen eine späte Quarterlife-Crisis, denn Christian schätzt vorsichtig, mindestens 120 Jahre alt zu werden. In ebendieser Krise erkannte er endlich, was ihm stets ein Lächeln ins Gesicht gezaubert hatte – die deutsche Grammatik und kreatives Schreiben. Eine epochale Erkenntnis, damit hatte er sich gefunden! Seitdem verfasst er am liebsten Sachbücher, sowohl in Eigenregie als auch im Auftrag. Dies ist sein zweites Buch über die deutsche Sprache, und es wird mit Sicherheit nicht das letzte sein.

PS: Mehr über Christian erfährst du im Podcast »Hör mal, wer da schreibt«. Dort spricht er mit Alexander Fink über Methoden, mit denen du deinen (schriftlichen) Ausdruck verfeinern kannst.

Christian Gaschler

Komma klar!

Wie du mit korrekter Zeichensetzung ein Zeichen setzt

Illustriert von Emmylou Unger

Für Fragen und Anregungen:
E-Mail: c.gaschler@gmx.net
Website: https://christiangaschler.de

Taschenbuchausgabe
1. Auflage 2022

Neuhäuser Str. 85
33102 Paderborn

ISBN Print 9798365501850

Inhalt

Vorwort

Im März 2018 hatte ich ein prägendes Erlebnis. Ich befand mich in Düsseldorf, wo ich gemeinsam mit etwa hundert Wissbegierigen einem Vortrag darüber lauschte, wie man »Top-Speaker« wird. Einige Wochen zuvor war ich online auf das wirkungsvolle Marketing des Redners hereingefallen. Und nun erklärte mir der stämmige Mittfünfziger live und in Farbe, wie die Transformation zum Top-Speaker gelinge. Am schnellsten, so seine zentrale These, indem man einen Bestseller schreibe! Fortan würden einen die Eventplaner mit Einladungen nur so überhäufen, und man könne breit grinsend ein fünfstelliges Honorar pro Auftritt verlangen. Das entsprach nicht gerade der inhaltlichen Tiefe, die ich mir erhofft hatte, aber es klang zumindest plausibel.

Der Aufwand, ein Buch zu schreiben, sei auch nicht sonderlich groß, ermutigte er. Man skizziere den Inhalt grob an einem Wochenende, suche sich daraufhin einen Ghostwriter, und am Ende versehe man das Cover mit seinem Namen. Schon damals träumte ich von einem eigenen Buch, konnte mich aber mit der beschriebenen Herangehensweise so gar nicht identifizieren. Sie schien mir zu schlicht und zu unpersönlich, sodass sie mich niemals mit Autorenstolz erfüllt hätte.

Mit der sprachlichen Korrektur habe man ebenfalls nichts am Hut, fuhr der Redner fort. Denn dafür gebe es schließlich Profis. In seinem Fall eine Lektorin, die in seiner Vorstellung während des Abendessens mit ihrem Mann darüber diskutierte, ob das Komma nun hier oder dort im Satz korrekt sei. »Leute solchen Schlages braucht es, aber ich gehöre definitiv nicht dazu«, betonte er etwas herablassend. An diesem Punkt schmunzelte ich und dachte: »Mensch, die Lektorin ist mir sympathisch! Die Zeichensetzung verliehe dem Abendessen bestimmt genau die richtige Würze.«

Die Fiktion des Redners war meine Wirklichkeit. Es kam nämlich regelmäßig vor, dass ich bei Tisch oder anderswo eine Diskussion über Grammatik, Rechtschreibung oder Zeichensetzung vom Zaun brach. Selbstverständlich ließ ich mich stets von dem edlen Motiv leiten, die sprachlichen Fähigkeiten meiner Mitmenschen zu justieren, und erwartete als Reaktion überschwängliche Dankbarkeit. Das wiederum war reine Fiktion.

Nach dem Vortrag hatte ich nicht die größte Lust, Top-Speaker zu werden. Dafür war ich mir einer anderen Sache gewiss: Mein Name würde früher oder später auf einem Buchcover prangen! Auf den darunter befindlichen Seiten befänden sich mit hoher Wahrscheinlichkeit Ratschläge zur deutschen Grammatik, die ich zuvor ganz ohne Ghostwriter erarbeitet hätte. Und zweieinhalb Jahre später war es dann endlich so weit: Ich veröffentlichte mein erstes Buch *Lern mal Deutsch, du Opfer!*, das mit typischen Fehlern des Sprachalltags aufräumt und dezent die Jugendsprache durch den Kakao zieht.

Weshalb erzähle ich dir das? Um Werbung zu machen? Auch. Hauptsächlich aber, damit du erkennst, dass ich für die deutsche Sprache nicht etwa glimme oder glühe, sondern lichterloh brenne. Und mit dieser Inbrunst in den Fingern habe ich alles daran gesetzt, die auf den ersten Blick langweilige Zeichensetzung in ein kurzweiliges Erlebnis für dich zu verwandeln. Genauer gesagt hält dieses Werk zusätzlich zu den harten Kommafakten illustrative Beispiele und haufenweise Klugscheißerwissen bereit. Das genügt dir nicht? Uff, die Leserinnen und Leser sind ja so verwöhnt heutzutage! Na gut, ich erhöhe den Einsatz: Gewürzt ist das Ganze mit Ironie, unterschwelliger Gesellschaftskritik, Beobachtungen über jugendsprachliche Phänomene und selbstredend mit ein paar persönlichen Anekdoten. Nun zufrieden? Prima.

Außerdem dreht sich in diesem Buch nicht alles um Kommas, musst du wissen. Wir werden ebenfalls einen präzisen Blick auf die vielen anderen Satzzeichen werfen und überlegen, wie sie sich auf unseren schriftlichen Ausdruck auswirken und wie sie ihn verschönern können. Überhaupt erhält die Stilistik – ein Bereich, für den ich geradezu schwärme – einen Ehrenplatz in diesem Werk. Immer wieder kredenze ich dir sowohl zwischen als auch inmitten der Zeilen meine stilistische Meinung. Denn ich bin davon überzeugt, dass wir Kommas sicherer setzen, wenn wir viel vom Satzbau verstehen. Ein tiefes Satzbauverständnis wiederum legt das Fundament für einen ansehnlichen Stil, der mit höherer Wahrscheinlichkeit dazu führt, dass unsere Mitmenschen an unseren Zeilen kleben. Bitte nimm das nicht zu wörtlich.

Falls dir meine Herangehensweise nicht schmeckt, weil du lediglich korrekt Kommas setzen möchtest, verbleiben dir immerhin zwei Optionen. Erstens: Du schnappst dir eines der zahlreichen Nachschlagewerke, die der Markt zu bieten hat, und quälst dich hindurch – so in etwa sah meine Vorbereitung aus. Oder zweitens: Du ignorierst meine stilistischen Kapriolen einfach. Denn auch mithilfe dieses Werks wirst du korrekt Kommas setzen, und zwar mit einer theoretisch möglichen Genauigkeit von 99 %. Das ist meine These. Ja, gewagt ist sie! Darum lass sie mich bitte erklären:

Im ersten Teil präsentiere ich dir die wichtigsten Kommaregeln, damit du in etwa 80 % aller Fälle richtigliegst. Denn so verwirrend unser schönes Deutsch gelegentlich sein mag, gibt es uns doch etliche Hinweise, für die man einen geschulten Blick braucht. Und den hast du anschließend.

Im zweiten Teil verbesserst du diesen Blick abermals. Dafür müssen wir wesentlich tiefer im Feld der Zeichensetzung graben: nach den vielen Spezialfällen. Nicht immer wird die Antwort eindeutig ausfallen, aber genau das macht die deutsche Sprache ja so faszinierend, nicht wahr?

Im dritten Teil dann, nachdem dir ein eminenter Wissensschatz über die deutsche Kommasetzung zur Verfügung steht, wagst du dich fast schon übermütig ins Habitat der sonstigen Satzzeichen. Jedoch wird der Übermut nur von kurzer Dauer sein, denn die Apostrophe, Semikola, Divise und Schrägstriche mögen zwar auf den ersten Blick beherrschbar erscheinen, aber sie haben es in sich. Doch kein Grund zur Beunruhigung: Wir werden sie zähmen!

Im vierten und letzten Teil schließlich wird es rätselhaft. Bisher war alles blanke Theorie, aber im finalen Quiz, bestehend aus 30 Fragen, kannst du dein Wissen unter Beweis stellen. Natürlich wartet auf dich ein ausführlicher Lösungsteil, mithilfe dessen du dich vergewissern kannst, dass du 30 von 30 Punkten erreicht hast. Aber hey: Ich will dich nicht unter Druck setzen!

Ach, bevor ich's vergesse: Das Sie erinnert mich allzu sehr an die Schule, die Universität und an Notariatsbesuche. Deshalb duze ich dich, wenn ich nicht gerade im Wir spreche. Kurzum: Nenn mich bitte Christian.

Christian Gaschler
Paderborn, November 2022

Teil 1:

»Komma klar« mit den Grundlagen!

Stell dir vor, es gäbe ein Rezept, mit dem sich der Großteil aller Kommafehler vermeiden ließe. Ein Rezept, so einfach in seiner Anwendung, dass uns jede saumselige Seele darum beneiden würde. Zugegeben, mehr als 80 % wären nicht drin, denn dafür ist die deutsche Interpunktion einfach zu umfangreich. Aber viele wären sicher mächtig stolz auf diese Quote!

Und es gibt dieses Rezept tatsächlich. In diesem ersten Teil schauen wir uns die wichtigsten Regeln an und reduzieren damit die Gefahr »gefühlter« Kommas erheblich. Satzzeichen können wir nicht fühlen, höchstens in der Blindenschrift. Aber wenn wir sie systematisch setzen, werden wir ein gutes Gefühl dabei haben, so viel ist sicher. Wir erhalten nämlich ein feineres Gespür für den Satzbau und lernen, das Komma sogar rhetorisch einzusetzen.

Wenn du dich für diese Grundlagen zu gebildet fühlst, kannst du direkt in den zweiten Teil springen, wo wir die Spezialfälle behandeln. Wahrhaftige Deutschfans geben sich schließlich nicht mit den Grundlagen zufrieden. Sie streben nach Perfektion, gell?

PS: Dir wird auffallen, dass ich konsequent den Plural *Kommas* und nicht *Kommata* nutze. Beide Begriffe sind zulässig, es ist demnach eine Geschmacksfrage. Als Fürsprecher der Kommas möchte ich aber ihre buchstäbliche Effizienz betonen: Sie sind gegenüber den Kommata um einen ganzen Buchstaben kürzer. Wahnsinn!

PPS: Hin und wieder wirst du auf hochgestellte Zahlen und Buchstaben stoßen. Die Zahlen verweisen auf Quellenangaben am Buchende, die Buchstaben indes auf Fußnoten, die lehrreiche Fakten bereitstellen. Du wirst sie lesen müssen, um das immense Wissen, das in diesem Buch steckt, in Gänze auszuschöpfen.

1.1 Lass uns Prädikate zählen

»Sind zwei Prädikate in Sicht, vergiss das Komma nicht!«, so lautet der Wahlslogan der KPD. Nein, nein, diese Partei will nicht dem Kommunismus zu einem Comeback verhelfen, gemeint ist natürlich die *Komma-Partei Deutschlands.* Und die widmet sich ausschließlich dem Komm-a-nismus.

Um wie viele nützliche Kommas würden deutsche E-Mails und Chatverläufe bereichert, wenn wir doch nur häufiger Prädikate zählten. Meistens reicht es sogar, bis drei zu zählen, weil Reihungen von mehr als drei Teilsätzen ohnehin zu hinterfragen sind. Nur wer seine Mitmenschen fordern will, wie ich dich an einigen Stellen in diesem Buch, baut hin und wieder längere Sätze.

Und so funktioniert es: In jedem Haupt- oder Nebensatz tritt immer nur ein Prädikat auf, das uns erzählt, was das Subjekt tut. Da das »Prädikat« aber schwer nach der Auszeichnung einer warentestenden Stiftung klingt, umschrieb es meine Grundschullehrerin mit »Tu-Wort«. Pro Teilsatz tut ein Subjekt nicht mehr als eine Sache. Das werten wir als unumstößlichen Beweis dafür, dass Multitasking nichts weiter ist als ein Mythos. Doch zurück zum Kern: Enthält ein Satz zwei Prädikate, besteht er folglich auch aus zwei Teilsätzen. Und die wollen irgendwie miteinander verknüpft werden. Dieses Bedürfnis ist zwar kein Garant für ein Komma, aber zumindest ein starkes Indiz. Also lass uns zählen, um die Worte des guten alten Graf Zahl zu wählen. Die Donnergeräusche im Hintergrund musst du dir bitte denken:

*Ich **bin (1)** hocherfreut, dass es eine Partei **gibt (2)**, die sich für besseres Deutsch **einsetzt (3)**.*

Hier haben wir es mit einem kurzen Hauptsatz zu tun, auf den zwei Nebensätze folgen, die jeweils mit einem Komma abgetrennt werden. Die Nebensätze erkennen wir daran, dass sie mit einem Prädikat enden, wohingegen selbiges beim Hauptsatz an zweiter Stelle steht, direkt nach dem Subjekt.

Allerdings bestehen die Prädikate im Beispielsatz ausschließlich aus sogenannten *Vollverben*. Das sind Verben, die für sich allein Sinn ergeben. Beispielsweise kann ich mit dem Vollverb »nerven« den zwar kurzen, aber grammatisch völlig akzeptablen Satz »Er nervt!« bilden. Doch leider sind deutsche Sätze nur selten so übersichtlich. Schwieriger zählt es sich, wenn andere Verbarten hinzukommen. Denn dadurch sind wir gezwungen, das Gemisch zu einem *mehrteiligen Prädikat* zusammenzufassen:

*Sie **will** über Politik **diskutieren**, er **mag** lieber eine Serie **schauen**.*

Diesmal verbindet *ein* Komma *zwei* Hauptsätze, an denen aber *vier* Verben beteiligt sind. Und von diesen vier Verben sind zwei voll (diskutieren, schauen) und zwei modal (wollen, mögen). *Modalverben* heißen so, weil sie den Modus eines Vollverbs und damit die Aussage verändern. Es macht schließlich einen himmelweiten Unterschied, ob mir jemand schadet oder schaden *will*. Vielleicht *soll* mir ja sogar jemand schaden? Auf alle drei Situationen würde ich anders reagieren.

Sechs klassische Modalverben können uns begegnen: *wollen, sollen, dürfen, müssen, können, mögen (bzw. möchten*[A]*)*. Muttersprachler denken kaum darüber nach, sie benutzen sie instinktiv. Indes sind

---

[A] Das Verb »möchten« leitet sich von »mögen« ab, genauer gesagt ist es sein Konjunktiv II. Dieser klingt höflicher, vermutlich hat er sich deshalb zu einem eigenständigen Wort entwickelt. Auch andere Modalverben nutzen wir im Konjunktiv der Höflichkeit: »Dürfte ich fragen, ob Sie noch bei Trost sind?«

Sprachneulinge aufgrund solcher Verbhäufungen teils verwirrt, teils belustigt. Ich erinnere mich noch gut an ein Gespräch mit Eric, einem in Amerika lebenden schwedischen Manager, der zu meiner Überraschung zusätzlich zu Schwedisch und Englisch auch noch recht gut Deutsch sprach. Er spottete: »Eure Sprache ist so merkwürdig! Wenn in einem deutschen Satz nicht mindestens zwei Verben am Ende stehen, ist er bestimmt falsch. Zum Beispiel: ›Das *hättest* du mir ruhig *sagen können.* Aber du *hast* mir diese Information ja nicht *geben wollen!*‹ Was soll dieser Quatsch?« Scharfsinnig, der Eric, sehr scharfsinnig! Er verstand unsere Sprache weit besser, als er dachte. Was ich ihm damals lieber verschwieg: Auch Vollverben können sich wie Modalverben verhalten und die Bedeutung eines anderen Verbs verändern. Gängige »Modifizierer« sind zum Beispiel *lassen* und *bleiben:*

Vollverb:	*Lässt* du bitte die Finger von ihr?
Modifizierer:	Warum *lässt* du dir keinen Bart *stehen?*
Vollverb:	Ich *bleibe* hier.
Modifizierer:	*Bleib* sofort *stehen!*

Und weil das unserer verbalen Vielfalt noch lange nicht langte, besitzen wir außerdem noch drei Hilfsverben, die uns sprachliche Zeitreisen ermöglichen: *sein, werden, haben.* Wandeln wir die glorreichen Drei doch sogleich in eine Binsenweisheit um:

Jeder Reiche ***ist*** *arm ins Leben gekommen,* ***hat*** *dann viel Geld verdient oder (manchmal unverdient) geerbt, doch* ***wird*** *er nicht einen einzigen Cent ins weiße Licht mitnehmen* ***können****.*

Diesen Appell vermitteln uns drei Hauptsätze, worin sich insgesamt acht Verben tummeln, die wiederum von zwei Kommas getrennt sind. Der letzte Satz enthält zusätzlich zum Hilfsverb »werden« sogar noch das Modalverb »können«. Wie perfide! Spätestens jetzt ist auch klar, warum der Slogan der KPD nicht »Sind zwei *Verben* in Sicht, vergiss das Komma nicht!« lauten dürfte, weil er sich dann nur auf Vollverben bezöge und die Modal- und Hilfsverben diskriminierte. Ein Unding für jede demokratische Partei und unvorteilhaft für die Wählerquote. Deshalb zählen wir lieber Prädikate und denken dabei an Graf Zahl, der übrigens seit Kurzem Ehrenmitglied der KPD ist.

Ehrenmitglied Graf Zahl während eines lebhaften Diskurses über Prädikate. Worauf hat er sich nur eingelassen?

Damit sind wir bereits auf einem soliden Weg in Richtung Satzverständnis, was definitiv zu weniger Kommafehlern beiträgt. Und während wir dahinschreiten, da wandert unser Blick nach rechts und links. Wozu? Wir halten Ausschau nach einer bestimmten Wortart, die uns insbesondere durch lange Satzgefüge zu navigieren vermag: die Konjunktionen.

Zusammenfassung

- Jeder Haupt- oder Nebensatz enthält exakt ein Prädikat.
- Das Prädikat verrät, was das Subjekt tut, und besteht aus mindestens einem Verb.
- Sofern das Prädikat aus mehr als einem Verb besteht, ist es ein *mehrteiliges Prädikat.*
- Wir unterscheiden drei Arten von Verben:
  1) Vollverben (z. B. laufen, helfen, arbeiten)
  2) Hilfsverben (sein, werden, haben)
  3) Modalverben (z. B. dürfen, müssen, können)
- Manche Vollverben (z. B. lassen) können wir als Modalverben verwenden: *Sie* ***lässt*** *sich endlich helfen!*
- Sind zwei Hauptsätze ohne Konjunktion miteinander verbunden, trennt sie stets ein Komma.

1.2 Konjunktionen sind wie Hinweisschilder

Die Zeichensetzung zu erlernen, ohne dabei auf Konjunktionen zu achten, das wäre, als wollte man sich in einer fremden Großstadt zurechtfinden, während man alle Schilder missachtet, nicht auf Ortskundige hört und Google Maps deaktiviert hat. Konjunktionen sind wie Hinweisschilder, denn sie erinnern uns nicht nur häufig an ein Komma, vielmehr weisen sie uns den Weg durch den Satzdschungel. Wie schaffen diese Wörter das? Hauptsächlich, indem sie Sätzen Haupt- und Nebenrollen zuweisen.

Die Konjunktion wanderte im 17. Jahrhundert aus dem Lateinischen ins Deutsche und bedeutet »Verbindung« oder »Zusammenhang«.[1] Aha! Sie verbindet also etwas, und zwar:

- mehrere Hauptsätze → Satzreihe
- Haupt- und Nebensatz → Satzgefüge
- mehrere Nebensätze → Satzreihe

Entdecken wir eine Konjunktion, sollte uns das in Alarmbereitschaft versetzen, denn wahrscheinlich ist ein Komma nötig. Wie so oft in der deutschen Sprache gibt es Ausnahmen, deshalb betrachten wir die unterschiedlichen Arten von Konjunktionen.

Nebenordnende Konjunktionen

Vielleicht ständen wir ohne sie nicht gleich neben uns, aber enttäuscht wären wir über ihr Fehlen schon. Nebenordnende Konjunktionen verbinden Hauptsätze, aber bei genauerer Betrachtung vermögen sie weit mehr als das: Sie vermitteln Gefühle, dadurch dass sie etwas betonen. Zum Beispiel:

Du magst die deutsche Sprache, ***aber*** *ich liebe sie!*

Klar, der Inhalt würde auch ohne »aber« transportiert, aber etwas trostlos erschiene er dann schon, oder? Die Konjunktion verstärkt die Liebe zur Sprache, indem sie eine Abstufung vornimmt. Sie hebt die Liebe quasi auf ein Podest. Ähnlich elegant lässt sich »denn« einsetzen:

Lea reist gern um die Welt, ***denn*** *das erweitert ihren Horizont.*

Inhaltlich ist das »denn« zwar ebenso überflüssig wie das vorherige »aber«, doch stilistisch empfehlenswert sind beide. Mithilfe ihrer verbindenden Kraft wirkt der Übergang angenehmer und weniger abrupt; außerdem unterstützen sie die anschließende Begründung.

Nebenordnende Konjunktionen behandeln Sätze stets gleichrangig – das nennt man Parataxe. Das Wort ist griechischen Ursprungs und bedeutet »das Nebeneinanderstellen«.[2] Folglich verbinden nebenordnende Konjunktionen ausschließlich Hauptsätze, da im Gegensatz dazu Nebensätze stets untergeordnet werden. Doch dazu gleich mehr. Die folgende Tabelle enthält die wichtigsten nebenordnenden Vertreter:

mit Komma	**schwankend**
aber, allein, ausgenommen, außer, denn, doch, ferner, geschweige, jedoch, sondern, vielmehr	und, oder, sowie[B]

[B] Diese Sonderfälle betrachten wir im zweiten Teil. Gerade die Konjunktion »und« wird regelmäßig unterschätzt. Viele wähnen sich in Sicherheit, wenn sie das Komma davor strikt meiden. Ein folgenschwerer Irrtum!

Unterordnende Konjunktionen

Vor ein paar Jahren hatte ich eine Zeit lang zu hohen Blutdruck. Aufgrund der Faszination, die medizinische Fachbegriffe auf mich ausüben, wollte ich mir unbedingt jenen für hohen Blutdruck einprägen. Hypertonie lautet er. An sich einfach zu merken, wäre da nicht das ähnlich klingende und nahezu identisch geschriebene Wort Hypotonie, das für einen zu *niedrigen* Blutdruck steht. Irreführend, oder? Es war an der Zeit für eine Eselsbrücke.

Ich prägte mir ein, dass alles mit der Vorsilbe »hyper« auf ein Übermaß hindeutet, indem ich an meine Jugend zurückdachte. Auf Partys schrien mich die Boxen regelmäßig mit den Worten »Hyper, Hyper« an, die dem gleichnamigen Techno-Lied von *Scooter* entstammen. Meine Eltern hätten den Titel wohl mit »Hier steppt der Bär!« übersetzt. Wörtlich übersetzt sang der Frontmann Hans Peter Geerdes alias H. P. Baxxter allerdings »Über, Über«. Und dahinter verbarg sich eine tadellose Logik, denn die Worte »Hypo, Hypo« beziehungsweise »Unter, Unter« hätten den Bären garantiert nicht zum Steppen gebracht.

Dank dieses musikalischen Exkurses dämmert uns, dass eine *Hypotaxe* auf eine Unterordnung hinweist. Sie beschreibt das ungleiche Verhältnis zwischen Haupt- und Nebensatz. Der Nebensatz ordnet sich dem Hauptsatz hierarchisch unter, wie ein treuer Vasall seinem König. Und an diese Rangordnung erinnern uns unterordnende Konjunktionen – sie sind quasi des Königs rechte Hand. Leider aber ordnen sich viele Deutschsprachige nicht mehr der Grammatik unter, was daran deutlich wird, dass sie »weil« als nebenordnende Konjunktion missbrauchen und damit einen fragwürdigen Satzbau schaffen:

Fragwürdig: Klaus tanzt nicht, *weil* er *mag* keinen Techno.
Klassisch: Klaus tanzt nicht, *weil* er keinen Techno *mag*.

In einem klassischen Nebensatz steht das Verb am Schluss! Das ist sein Markenzeichen und daran ist nichts zu rütteln. Hiermit demonstriert er uns zweierlei: Unterordnung und Abhängigkeit. Im angeführten Beispiel ergänzt der Nebensatz den Hauptsatz nämlich nur um eine Begründung. Dass Klaus nicht tanzt, steht auch unabhängig von seiner Abneigung gegen Techno fest.

Apropos: Die Konjunktion »dass« hat ebenfalls einen unterordnenden Charakter. Wir lieben dieses vierbuchstabige Hilfsmittel, vielleicht gilt es deshalb als des Königs häufigster Vollstrecker.

Dass-Vollstreckung: Heute kann ich nachvollziehen, *dass* meine Eltern ein Problem mit der lauten Musik in meinem Zimmer *hatten*.

Eine Vollstreckung findet insofern statt, als wir dem Nebensatz die Hauptarbeit aufbürden. Denn die eigentliche Information, was mein heutiges Ich »nachvollziehen« kann, wissen meine Leser erst nach dem »dass«. Das bringt dieser Satzbau eben mit sich und ist auch nicht weiter dramatisch, solange der Nebensatz nicht die Länge eines Güterzugs annimmt.

Ein Güterzug: Paul weiß, *dass* die beste Freundin seiner Frau ihre Vorgesetzte und deren Assistenten nur bedingt leiden kann und *dass* sie deshalb eine Kündigung erwägt.

Hier besteht der Hauptsatz aus mickrigen zwei Wörtern. Kann man da wirklich noch behaupten, er sei das Haupt? Es scheint daher vernünftig, die Wörter lieber auf mehrere kurze Hauptsätze aufzuteilen, anstatt sie in einen solchen Güterzug zu verladen.

Mehrere kurze Hauptsätze: Paul weiß: Die beste Freundin seiner Frau kann ihre Vorgesetzte samt Assistenten nicht leiden. Deshalb erwägt sie eine Kündigung.

Liest sich angenehmer, oder? In dieser Reihe von Hauptsätzen ordnet sich niemand jemandem unter. Es herrscht Gleichrangigkeit. Doch zurück zur Unterordnung: Unterordnende Konjunktionen nennen wir auch Subjunktionen; die Vorsilbe »sub« ist lateinischen Ursprungs und steht wie das griechische »hypo« für »unter«. Das Angebot an Subjunktionen ist reichhaltig, was vermutlich an der Vorliebe von uns Deutschen für komplizierte Satzgefüge liegt.

mit Komma	schwankend
anstatt, da, damit, dass, ehe, falls, gleichwohl, indem, indes, indessen, insofern, insoweit, nachdem, nun, ob, obschon, obwohl, obzwar, ohne, seit, seitdem, sintemal, sobald, sodass, sofern, solange, sooft, sosehr, soviel, soweit, sowenig, statt, trotzdem, um, während, währenddessen, weil, wenn, wenngleich, wennzwar, wieweit, wiewohl, wo, wofern, wohingegen, zumal	als, bis, wie

Besonders erfrischend wirken Subjunktionen, die heute eher seltene Erscheinungen sind. Damit sie nicht aussterben, sollten wir sie gelegentlich aus dem Tiefschlaf erwecken und damit unsere Mitmenschen belustigen:

Die einen feierten wild, ***indes*** *die anderen wild breierten*[C].

[C] Jugendsprachliches Kofferwort bestehend aus »brechen« und »feiern«. Damit ist gemeint, dass sich manche von einer Erleichterung nicht die Feierlaune vergällen lassen. Selbst dann nicht, wenn Galle beteiligt ist.

Marina trägt heute ein wirklich bezauberndes Gewand, ***obzwar*** *sie mehr Haut zeigen könnte.*

Subjunktionen leiten immer einen Nebensatz ein und fordern ein Komma. Und dieser Grundsatz gilt auch für die drei Vertreter der rechten Spalte: *als, bis* und *wie*. Das Tückische ist nur, dass sie nicht zwangsläufig Subjunktionen sind. Sie besitzen nämlich die Fähigkeit, ihre Gestalt zu wandeln! Um das zu durchschauen, rufen wir uns am besten die Prädikate-Regel ins Bewusstsein.

Sofern wir mit »als« oder »wie« innerhalb eines Hauptsatzes einen Vergleich anstellen, verzichten wir auf ein Komma davor, weil der Hauptsatz nur *ein* Prädikat enthält. In diesem Fall sind die beiden Wörter sogenannte *Vergleichspartikeln*[D].

Ohne Komma: Tabea ist abenteuerlustiger *als* Marius. Arne ist so kultiviert *wie* sein alter Herr.

Dies ändert sich jedoch, sobald nach »als« oder »wie« ein vollständiger Nebensatz mit Subjekt und Prädikat folgt. Denn jetzt haben die Wörter eine Doppelfunktion, sie sind Vergleichspartikel und unterordnende Konjunktion zugleich. Und dieser Umstand verlangt ein Komma.

Mit Komma: Marius ist abenteuerlustiger, *als* Tabea *annahm*. Arne wäre gern so kultiviert, *wie* sein alter Herr es von ihm *verlangt*.

Außerdem wird ein Komma nötig, wenn wir »als« zeitlich verwenden. Wie in den vorherigen Beispielen leitet es einen Nebensatz ein, der sich durch das zweite Prädikat verrät.

[D] Die Wortart »Partikel« ist tatsächlich weiblich. Damit grenzt sie sich von »dem« Partikel ab, der für das winzige Teilchen steht.

Mit Komma: Es kam zum Streit, *als* sie über Kultur *diskutierten.*

Das Wort »bis« kann ebenfalls seine Gestalt wandeln. Wie zuvor ist die Anzahl der Prädikate der beste Indikator, um zu erkennen, ob der Satz ein Komma benötigt.

Ohne Komma: Dieser Raum bietet Platz für 20 *bis* 25 Personen.
Mit Komma: Ich bin so lange gut gelaunt, *bis* etwas *schiefläuft.*

Damit hätten wir den Gestaltwandlern das Handwerk gelegt! Zum Abschluss schauen wir uns noch die letzte Gruppe der Konjunktionen an, die ebenso durchschaubar ist.

Mehrteilige Konjunktionen

Sie verhalten sich wie Yin und Yang, da sie sich gegenseitig bedingen. Der eine Teil kommt nicht ohne den anderen aus. Für Freunde der korrekten Interpunktion birgt dieses innige Miteinander leider ein paar Risiken. Denn während manche mehrteiligen Konjunktionen genügend Bindungsenergie aufbringen, sodass sie das Komma strikt ablehnen, verlangen andere danach. Eine Logik dahinter? Die gibt es tatsächlich!

Zunächst einmal können wir der Tabelle auf der nächsten Seite entnehmen, dass die Mehrheit der mehrteiligen Konjunktionen ein Komma verlangt. Mit den meisten Vertretern der linken Spalte stellen wir zwei Sachverhalte gegenüber, die häufig im Widerspruch zueinander stehen. Zum Beispiel:

Einerseits *legt sie Wert auf ihre Gesundheit,* ***andererseits*** *isst sie jeden zweiten Abend Chips.*
Zwar *kann ich ihn grundsätzlich gut leiden,* ***aber*** *manchmal ist er ein echtes Aas.*

mit Komma	**ohne Komma**
je … desto, je … umso	entweder … oder[F]
einerseits … andererseits[E]	sowohl … als auch
zum einen … zum anderen	weder … noch[G]
nicht nur … sondern auch	
teils … teils	
zwar … aber	
mal … mal	

Aus der Reihe tanzt die Kombination *je … desto/umso*. Damit stellen wir nichts gegenüber, sondern verdeutlichen ein Verhältnis von Ursache und Wirkung:

***Je** häufiger ich trainiere, **desto** besser wird meine Kondition.*
***Je** präziser die Interpunktion, **umso** klarer der Ausdruck.*

Und was ist mit den Vertretern der rechten Spalte? Mit ihnen stellen wir nichts gegenüber, vielmehr zählen wir damit etwas auf. Wir bilden eine Reihe:

*Unsere Tochter isst **sowohl** Brokkoli **als auch** Blumenkohl.*
*Auf dem Speiseplan stand **weder** Obst **noch** Gemüse.*

Je intensiver wir uns mit den Konjunktionen beschäftigen, *desto* besser wird unser grammatisches Feingespür. *Entweder* wir behalten dieses Wissen für uns *oder* teilen es ungefragt mit unseren Mit-

---

E Wenn wir es genau nehmen, verbinden sich teilweise zwei Adverbien, z. B. *einerseits … andererseits*. Die Wortart soll uns aber weniger wichtig sein als die korrekte Kommasetzung.

F Falls nach »oder« ein ganzer Satz folgt, darf man davor ein Komma setzen.

G Auch in diesem Fall dürfen wir ein Komma setzen, wenn nach »noch« ein ganzer Satz folgt.

menschen. Letzteres zeugte *nicht nur* von geistiger Reife, *sondern auch* von Nächstenliebe. *Zwar* sind Konjunktionen und Kommas nicht alles im Leben, *aber* bedeutend sind sie schon. Denn unser Stil wirkt dank ihnen *zum einen* verständlich, *zum anderen* überaus professionell. Doch wollen manche *weder* etwas von Grammatik *noch* von Interpunktion und von Stilistik schon gar nichts wissen. Das liegt *teils* am inhaltlichen Umfang, *teils* am Schwierigkeitsgrad. Hinzu kommt noch die Tagesform: *Mal* scheint im Geist die Sonne, *mal* regnet es in Strömen. Aber zum Glück werden die Tage *umso* sonniger, *je* weiter wir in diesem Buch voranschreiten!

Zusammenfassung

- Eine Konjunktion verbindet Sätze oder Wörter.
- Die Art der Konjunktion verrät uns, ob sie einen Haupt- oder Nebensatz einleitet.
- *Nebenordnende Konjunktionen* wie »aber« oder »denn« verbinden stets Hauptsätze und behandeln diese gleichrangig. Die meisten Konjunktionen dieser Art verlangen ein Komma, eine Ausnahme bildet zum Beispiel »und«.
- *Unterordnende Konjunktionen (Subjunktionen)* wie »weil« leiten einen Nebensatz ein und fordern immer ein Komma.
- *Mehrteilige Konjunktionen* wie »je ... desto« setzen sich aus mindestens zwei Wörtern zusammen. Auch die meisten dieser Art werden von einem Komma begleitet.
- Behalte weiterhin die Prädikate im Blick, um sicher zu gehen, ob ein Komma nötig ist.

1.3 Relativität für alle »Fälle«

Kaum eine Sache ist so verwirrend wie die Relativität. Mir wollte noch nie in den Sinn, dass Zeit für eine Person umso langsamer vergeht, je schneller sie sich fortbewegt. Stellen wir uns dazu eine Parallelwelt vor, in der ich einen blonden Zwillingsbruder namens Klaus habe. Als leidenschaftlicher Hobbyastronaut hört er aber lieber auf den Spitznamen »Klausi McFly«. Keine Ahnung, wieso.

Zum jetzigen Zeitpunkt bewohnen Klausi und ich die parallele Erde seit 36 Jahren. Heute aber begibt er sich in den Weltraum, genauer gesagt auf den Weg nach *Proxima Centauri b*. Dieser erdähnliche Planet liegt mit einer Entfernung von 4,2 Lichtjahren lediglich einen astronomischen Steinwurf von der Erde entfernt, und obendrein könnte er flüssiges Wasser bereithalten. Dem will mein philanthropischer Zwillingsbruder für die Menschheit auf den Grund gehen.

Der Kurzstreckenflug erfolgt auf eigene Kosten mit einem konstanten Tempo von 99 % der Lichtgeschwindigkeit, also mit etwa 297.000 Kilometern pro Sekunde. Diesen rasanten Vortrieb erreicht Klausi mit einem umgebauten Opel Manta B, den er mit einem selbst kreierten Treibstoffgemisch aus Frittenfett, Harnstoff und Hämorrhoidensalbe speist. Von dessen brutalem Wirkungsgrad war er selbst überrascht.

Für den Hinweg benötigt Klausi ziemlich genau 4,25 Erdenjahre. Kaum angekommen, bestätigt er die These: »Unfassbar, hier gibt's wirklich Wasser! Aber leider keine Mantaplatte. Und Mantas auch nicht.« Leicht enttäuscht raucht er noch schnell eine und betritt mit seinen schwarzen Mantaletten[H] wieder den Wagen.

[H] Der Mantafahrer hat ein schillerndes Image. Vor unserem geistigen Auge erscheint er mit Vokuhila, Goldkette und Stiefeletten, eben Mantaletten. Und wenn er nicht gerade fährt, genießt er die westdeutsche Imbiss-Kulinarik.

Klausi kurz nach seiner Landung auf Proxima Centauri b. Er freut sich zwar über seinen Fund, aber er sehnt sich auch nach einer Mantaplatte.

Es vergehen erneut 4,25 Jahre. Nach insgesamt 8,5 Jahren landet er wieder auf der Erde, wo ich ihn sehnsüchtig erwarte. Während mein Zwillingsbruder von seinem Kurztrip berichtet, fällt mir auf, dass er deutlich weniger Falten um die Augen hat als ich. Im Grunde sieht er aus wie eine jüngere Version von mir. Kam er unterwegs etwa in den Genuss eines überirdischen Anti-Aging-Programms? Oder wirkt die Klimaanlage des Mantas verjüngend? Unwahrscheinlich. Die Wahrheit ist: Ich bin deutlich älter als Klausi! Weil ihn sein Manta so hurtig transportierte, vergingen für ihn gerade einmal 1,2 Jahre; für mich hingegen verging die Zeit irdisch. In der Konsequenz habe ich 44 Jahre auf dem Tacho, mein Bruder nur 37 Jahre. Klausi ist somit offiziell Zeitreisender! Das verdankt er einem Phänomen[I], das Einstein schon im frühen 20. Jahrhundert theoretisch nachwies und erst 1971 im Hafele-Keating-Experiment bestätigt wurde.

Inwiefern bringt uns das in Sachen deutsche Sprache weiter? Na, ist doch logisch: Die komplizierte Physik lässt den Schwierigkeitsgrad der folgenden Zeilen über das *Relativpronomen* auf ein geradezu lachhaftes Niveau schrumpfen. Das ist wahre Relativität!

Das Relativpronomen stellt eine Verbindung zu einem übergeordneten Subjekt oder Pronomen her. Es steht in Relation dazu. Und diese Relation vermittelt stets ein Nebensatz, der wiederum ein Komma verlangt. Relativpronomen würden in der deutschen Sprache exzellente Hinweisschilder abgeben, nur leider sind sie nicht so standhaft wie Konjunktionen. Im Gegensatz zu diesen verändern sie sich nämlich den Fällen entsprechend, und das erschwert es uns, sie zu erkennen. Anbei vier Beispiele, wie das Relativpronomen »der« seine Erscheinung wechselt.

Nominativ: Albert Einstein war ein Physiker, *der* sich gern mit Relativität beschäftigte.

Genitiv: Der frisierte Opel Manta, *dessen* Pilot Klausi war, erreichte 99 % der Lichtgeschwindigkeit.

Dativ: Die Zeitdilatation ist ein Phänomen, *dem* ich geistig nicht Herr werde.

Akkusativ: Der Treibstoff, *den* Klausi mühsam per Hand gemischt hatte, ging auf dem Rückweg beinahe aus.

Der von dem Relativpronomen eingeleitete *Relativsatz* ist wie jeder andere Nebensatz dem Hauptsatz untergeordnet. Herrlich, wie

---

I Dieses Phänomen heißt *Zeitdilatation* und basiert auf Einsteins Relativitätstheorie. Unter **https://www.walter-fendt.de/zd/zd_app3.htm** kannst du dir die Zeitdilatation für verschiedene Geschwindigkeiten errechnen lassen.

einfach die Grammatik erscheint, wenn man sich zuvor mit Zeitreisen beschäftigt hat. Stimmt's? Du kannst mir später danken.

Auch die Relativpronomen »das« und »die« verändern ihre Erscheinung infolge der Fälle. Es ist, als wirkte eine unsichtbare Kraft auf sie. Vielleicht Gravitation? Betrachten wir das Phänomen anhand von ein paar weiteren Beispielen.

Genitiv: Die Astronautin, *deren* weißer Overall hauteng saß, zwinkerte Klausi von der ISS aus zu.

Dativ: Das ist das Raumschiff, *dem* ich zugewinkt[J] hatte, bevor es auf Lichtgeschwindigkeit beschleunigte.

Akkusativ: Uschi liebt Geschichten, *die* unrealistisch sind.

Der letzte Satz zeigt, dass sich der Pluralartikel »die« im Akkusativ nicht verändert, was auch für die Singularartikel »die« und »das« gilt. Nur der Singularartikel »der« weist in jedem Fall eine eigene Version auf. Damit du dir leichter merken kannst, welcher Artikel sich wie verändert, bietet sich folgende Tabelle an:

Relativpron.	maskulin	feminin	sächlich	im Plural
Nominativ	der	die	das	die
Genitiv	dessen	deren/derer	dessen	deren/derer
Dativ	dem	der	dem	denen
Akkusativ	den	die	das	die

In den Spalten »weiblich« und »Plural« hätte ich es beim Relativpronomen »deren« belassen können, denn es ist im Genitiv immer korrekt. Ich finde das Relativpronomen »derer« allerdings viel zu

J Das zweite Partizip von »winken« ist tatsächlich »gewinkt« und nicht »gewunken«. Im Präteritum heißt es nämlich »ich winkte« und nicht »ich wank«. Uns hilft die Eselsbrücke: *Das Wort »gewunken« reimt sich auf »gestunken«.*

elegant, um es stur zu ignorieren. Folgendermaßen kannst du es verwenden:

Die Probleme der Menschheit, ***derer*** *sich mein Zwillingsbruder annahm, machen ihn zu einem Helden.*

Sobald du nur mit *wessen?* fragen kannst, ist »derer« empfehlenswert. *Wessen* nimmt sich mein Bruder an? *Den Problemen der Menschheit*. Die Situation ändert sich jedoch, falls direkt nach dem Relativpronomen ein Substantiv folgt:

Die Menschen, ***deren Wasserreserven*** *knapp werden, steuern auf ein massives Problem zu.*

Hier lautet die Frage: *Wessen Wasserreserven* werden knapp? *Die der Menschen.* Sobald du die Frage inklusive Substantiv stellen musst, ist das ein Fall für »deren«.

Es ist also mal wieder der Genitiv, der uns den Sprachalltag erschwert. Ganz was Neues! Deshalb schließen wir doch am besten mit solchen Relativpronomen, die im Genitiv erst gar nicht existieren. Du kennst sie ganz sicher. Sie kommen häufig dort zum Einsatz, wo sonst zwei gleiche Wörter aufeinandertreffen würden.

Mit Dopplung:	Die Schauspielerin, *die die* »Uschi« in »Manta, Manta« spielte, heißt Tina Ruland.
Ohne Dopplung:	Die Schauspielerin, *welche die* »Uschi« in »Manta, Manta« spielte, heißt Tina Ruland.

Jetzt können wir trefflich darüber streiten, ob die vermiedene Dopplung wirklich schöner ist. Was denkst du? Ich fühle mich mit der ersten Version wohler, da ich sämtliche Relativpronomen, die mit »welch« beginnen, irgendwie unhandlich finde. Grammatisch spricht jedoch nichts gegen sie. Hier eine Übersicht:

Relativpron.	**maskulin**	**feminin**	**sächlich**	**im Plural**
Nominativ	welcher	welche	welches	welche
Genitiv	/	/	/	/
Dativ	welchem	welcher	welchem	welchen
Akkusativ	welchen	welche	welches	welche

Sollte die Menschheit eines Tages tatsächlich Wasser auf Proxima Centauri b entdecken, steht einer Besiedlung nichts mehr im Weg. Außer natürlich der Distanz von 4,2 Lichtjahren beziehungsweise 39,72 Billionen Kilometern. Doch kein Problem: Der neue *Opel Manta Proxima* wird's schon richten. Da bin ich »relativ« sicher!

Zusammenfassung

- Das Relativpronomen leitet einen Nebensatz (Relativsatz) ein, der dem Hauptsatz untergeordnet ist.
- Es bezieht sich auf ein übergeordnetes Subjekt oder Pronomen im Hauptsatz.
- Der Relativsatz kann auf den Hauptsatz folgen (ein Komma) oder darin eingeschoben sein (zwei Kommas).
- Im Nominativ besitzen die Relativpronomen ihre Grundform. *der (männlich), die (weiblich), das (sächlich), die (Plural).*
- In den Fällen Genitiv, Dativ und Akkusativ verändert sich ihre Erscheinung teils deutlich.
- Außerdem stehen uns folgende Relativpronomen zur Verfügung: *welcher, welche, welches, welche* (hier im Nominativ)
- Damit lassen sich zum Beispiel Wortdopplungen vermeiden: *Der Manta, **welcher der** Schwerkraft trotzte, war blau.*

1.4 Radikale Interrogativpronomen

Seit ich mich intensiv mit der deutschen Sprache beschäftige, habe ich hin und wieder das Gefühl, dass sie mich mit ihrer Komplexität in den Wahnsinn treiben möchte. Und eine wesentliche Rolle dabei spielen ganz sicher Wortarten. Immer wenn ich denke, ich hätte alle von ihnen auf dem Radar, taucht plötzlich wieder eine auf. Auf diese Weise begegnete mir irgendwann das *Interrogativpronomen.* Eine Auszeichnung für Wohlklang gewinnt dieses Wort mit Sicherheit nicht, denn es klingt bei entsprechender Betonung so hart, dass man es glatt in einen verbalen Angriff umfunktionieren könnte: »Wenn du nicht gleich still bist, werde ich zum INTERROGATIVPRONOMEN!« Wer darauf noch etwas zu erwidern wagt, ist nicht mehr zu retten.

Die Wucht dieses Wortes könnte sich auch eine radikale Gruppe zu eigen machen und unter dem furchteinflößenden Decknamen »Die Interrogativpronomen« gegen die galoppierende Inflation demonstrieren. Völlig eingeschüchtert würde man in der Europäischen Zentralbank bestimmt sofort aufhören, Geld zu drucken. Ein solches Aufbegehren scheint auch viel sinnvoller, als das eigene Konsumverhalten, das maßgeblich zu der Geldentwertung beigetragen hat, zu hinterfragen.

Aber überlassen wir den politischen Diskurs lieber anderen Herrschaften, schließlich sind die »echten« Interrogativpronomen daran völlig unbeteiligt. Sie fußen nämlich auf dem harmlosen lateinischen Wort »interrogāre«, das »fragen« bedeutet.[3] Und wenn die *Fragepronomen* – so nennen wir sie ab hier – überhaupt einen Vorwurf verdienen, dann höchstens den, dass sie uns in Sachen Zeichensetzung ärgern. Wir sind nämlich oft unsicher, ob wir vor *wer, was, wem, wen* oder *wessen* ein Komma setzen müssen.

Wie konnte die jahrelange Konsumgeilheit, finanziert durch massive Schulden, irgendwann zu einer hohen Inflation führen? Das ist ein Skandal!

Doch im Grunde ist das simpel, solange wir uns an die erste Regel erinnern, dass bei zwei Prädikaten in einem mehrteiligen Satz die Wahrscheinlichkeit für ein Komma rapide steigt. In den folgenden kurzen und direkten Fragen finden wir nur ein Prädikat, ein Komma wird demnach nicht gebraucht:

Wer *ist für die Inflation verantwortlich?*
Wessen *Idee war die Demonstration?*
Wem *kann man heute noch sein Geld anvertrauen?*

Stellen wir die Fragen jedoch indirekt oder kombinieren sie mit einer anderen Frage, so leitet das Fragepronomen einen Nebensatz ein. Dieser enthält ebenso wie der Hauptsatz ein eigenes Prädikat, und plötzlich wird ein Komma nötig:

*Weißt du, **wer** für die Inflation verantwortlich ist?*
*Warum interessiert es dich, **wessen** Idee die Demonstration war?*
*Ich frage mich, **wem** man heute noch sein Geld anvertrauen kann.*[K]

Wir ziehen ein Zwischenfazit: Fragepronomen sind Stellvertreter von Nomen oder Pronomen, nach denen wir fragen.[4] Falls im ersten Beispielsatz nach einer Person namens Mario gefragt wird, dann steht »wer« stellvertretend für Mario.

Vermutlich wunderst du dich, weshalb die gängigen Fragewörter *wie, wann, wo, wieso, weshalb* und *warum* ungenannt blieben. Das liegt daran, dass es keine Fragepronomen sind, sondern *Frageadverbien*. Ja, diese Wortart gibt es wirklich. Und ich kann gut verstehen, wenn deine innere Stimme jetzt gegen die deutsche Sprache rebelliert. Falls dem so ist, richte ihr bitte einen lieben Gruß von mir aus: Sie soll sich wieder beruhigen! Denn so wild ist das Thema auch wieder nicht. Mit Frageadverbien (oder *Interrogativadverbien*, wie sie fachsprachlich heißen) leiten wir ebenfalls einen Fragesatz ein und erkundigen uns damit nach allem, was eine adverbiale Bestimmung so ausdrücken kann – Zeit, Ort, Art und Weise, Grund, Zweck, Mittel, Folge und so weiter. Für das Frageadverb gelten dieselben Regeln wie für das Fragepronomen. Leitet es einen Nebensatz ein, ruft die Kommapflicht:

*Sieglinde fragt die Bundesregierung, **wann** die Rezession vorbei ist.*
***Warum** mein Geld nichts mehr wert ist, will ich wissen.*
*Sie verraten mir auf der Stelle, **was** hier los ist!*

[K] Es mag verwirren, dass hier am Satzende ein Punkt statt eines Fragezeichens steht. Das haben indirekte Fragen aber so an sich, weil sie mehr Aussage als Frage sind. Mehr dazu im Kapitel »Ein Crashkurs in Satzarten«.

Diese Fälle können wir uns gut merken. Herausfordernder werden solche, wo der Nebensatz elliptisch ist, also verkürzt wurde. Ohne Beispiel klingt das einmal mehr nach böhmischen Zeichensetzungsdörfern. Ein kurzer Dialog soll uns helfen:

Corinna: »Kurt, *wieso* hast du dir diese teure Uhr gekauft?«
Kurt: »Lass mich doch!«
Corinna: »Ich lass dich ja. Ich frage mich nur, *wieso*.«

Hat Corinna im letzten Satz richtig interpunktiert? Das ist ein umstrittenes Thema. Faktisch handelt es sich zwar um einen Nebensatz, und dieser wird bis auf wenige Ausnahmen mit einem Komma abgetrennt, allerdings hat der »Rat für deutsche Rechtschreibung« keine Regel für elliptische Nebensätze definiert.[5] Ergo herrscht Willkür unter Schreibenden. Eine zweite Meinung muss her: Nach Aussage von Julian von Heyl (er betreibt das nützliche Rechtschreibportal *korrekturen.de)* darf man das Komma weglassen, sofern der Nebensatz aus nur einem einzigen Fragewort besteht. Das ist in unserem Dialog der Fall. Er fügt jedoch hinzu, er bevorzuge in solchen Fällen das Komma.[6]

Ich bin in dieser Sache d'accord mit Herrn von Heyl: Mir gefällt das Komma, selbst sofern der Nebensatz nur aus einem Wort besteht, denn ich kann ihn ja »zu Ende denken«. In ausführlicher Form meint Corinna nämlich:

»Ich lass dich ja. Ich frage mich nur, *wieso (du in diesen Zeiten so verschwenderisch bist).*«

Dabei liegt die Antwort auf Corinnas Frage doch auf der Hand. Kurt tut das, was sich in Zeiten einer hohen Inflation am ehesten anbietet: Er flüchtet sich in Sachwerte!

Zusammenfassung

- Als Interrogativpronomen bezeichnen wir die Fragepronomen *wer, was, wem, wen* und *wessen.*
- Diese Fragepronomen sind Stellvertreter für Nomen oder Pronomen: ***Was** kostet das Auto? – Es kostet **Geld**!*
- Wenn wir eine indirekte Frage stellen, leitet das Fragepronomen einen Nebensatz ein und verlangt ein Komma: *Weißt du, wer die Inflation zu verantworten hat?*
- Ähnlich den Fragepronomen sind die Frageadverbien: *wie, wann, wo, wieso, weshalb, warum, woher, wohin.*
- Sie verlangen ebenfalls ein Komma, sofern sie Teil einer indirekten Frage sind: *Ich will wissen, wieso ich blank bin.*
- In einem verkürzten Nebensatz ist uns die Kommasetzung freigestellt: *Sie fragt sich(,) warum.*

1.5 Wer weiß Infinitivgruppen zu bändigen?

Als ich meine Bachelorarbeit schrieb, war ich Mitte zwanzig und meinem Schreibstil äußerst zugetan. Vor allem aber hielt ich meine Fähigkeiten hinsichtlich Grammatik und Zeichensetzung für unantastbar. Ein folgenschwerer Irrtum, wie sich wenige Monate später herausstellen sollte. Bis dahin ritt ich auf einem hohen Ross durch das gefährliche Gelände der deutschen Sprache und merkte gar nicht, wie viele Fallen währenddessen zuschnappten. Erst als ich die zahlreichen Anmerkungen von der mich begleitenden Doktorandin und von meinen Eltern erhielt, erkannte ich die Spuren, die die Fallen an meinem Text hinterlassen hatten. Diese Anmerkungen zu lesen, riss meinem Ross unsanft die Hufe weg. Unverzüglich wurde ich geerdet. Während die Doktorandin hauptsächlich inhaltliche Unschärfen aufdeckte, förderten meine Eltern dutzende Rechtschreib- und Zeichensetzungsfehler zutage. Insbesondere einer Sache war ich mir anschließend bewusst: Infinitivgruppen sind fiese Fallensteller!

Der Infinitiv ist die nicht konjugierte Grundform des Verbs, und er organisiert sich gern in Gruppen. Dazu genügt ihm bereits die schlanke Konjunktion »zu«, um mit ihr als *Infinitivgruppe* zu gelten. Doch dabei bleibt es nicht, denn meist schließen sich der Gruppe weitere Mitglieder an. Mit vereinter Kraft wollen sie uns in die Falle locken! Damit du ihnen zukünftig nicht mehr zum Opfer fällst, bereite ich dich auf drei unterschiedliche Fallenarten vor. Wir beginnen mit Situationen, in denen das Komma verpflichtend ist. Dann schwenken wir zu solchen, in denen wir die freie Wahl haben, was aber trotzdem ein paar Risiken birgt, wie wir sehen werden. Und schließlich gelangen wir dorthin, wo das Komma vor der Infinitivgruppe sogar verboten ist. Bereit für den Ritt?

Fallen der ersten Art – verpflichtende Kommas

Sobald eine Infinitivgruppe auftaucht, wähnen sich viele instinktiv in Sicherheit. Das Komma sei freiwillig, denken sie. Es sei eine Frage des Geschmacks, glauben sie. Über Geschmack lässt sich streiten, nicht aber über die folgenden drei Fälle, in denen wir die Infinitivgruppe mithilfe eines oder zweier Kommas in die Schranken weisen müssen.

1. Fall: Eine Konjunktion leitet die Infinitivgruppe ein

Wird die Infinitivgruppe von den Konjunktionen *als, anstatt, außer, ohne, statt* oder *um* eingeleitet, kannst du dir des Kommas sicher sein. Seit der Coronakrise denken sich viele Deutsche:

Ich arbeite lieber im Homeoffice, *als ins Büro zu fahren.*
Anstatt im Berufsverkehr zu stecken, schlafe ich lieber aus.
Schon beim Zähneputzen checke ich meine E-Mails, *um mich das erste Mal über meine Kollegen aufzuregen.*
Mein Arbeitgeber behauptet, ich sei zu Hause unproduktiver, *ohne zu wissen, wovon er überhaupt redet.*

Zum Glück soll die Debatte darüber, ob das Homeoffice Arbeitnehmer nun produktiver oder unproduktiver macht, nicht Thema dieses Buches sein. Sondern die gesellschaftlich deutlich wichtigere Frage, wie man korrekt Zeichen setzt. Mit den vorangegangenen Beispielen wollte ich dennoch ein Zeichen setzen.

2. Fall: Ein Korrelat weist auf die Infinitivgruppe hin

Unter einer Korrelation versteht man eine wechselseitige Beziehung. Zum Beispiel korreliert ein Mangel an Bewegung mit einem höheren Risiko für Herz-Kreislauf-Erkrankungen. Umgekehrt korrelieren regelmäßiger Sport und gesunde Ernährung mit einer höheren Lebenserwartung. Übertragen wir dieses Basiswissen nun auf die Sprachwissenschaft. Dort ist ein Korrelat ein »Wort, das grammatisch oder bedeutungsmäßig auf ein anderes Wort bezogen ist«.[7] Die beiden Wörter stehen in einer wechselseitigen Beziehung zueinander. Allerdings muss sich das Korrelat nicht zwangsläufig nur auf ein Wort, sondern kann sich ebenso auf eine Wortgruppe oder sogar einen ganzen Satz beziehen. Das schreit nach einer Demonstration:

Es ist so schön, *dich endlich wiederzusehen!*

Aus semantischer Sicht lässt sich darüber streiten, ob die Situation, jemanden endlich wiederzusehen, mit »es« gleichgesetzt werden kann. Aus grammatischer Sicht ist die Lage jedoch eindeutig: Ja, das geht! Das Demonstrationspronomen »das« demonstriert uns das ebenso:

Dich endlich wiederzusehen, **das** ist so schön!

Am besten betrachten wir Korrelate als Verweiswörter, die unter Garantie ein Komma fordern, sofern sie eine Infinitivgruppe vertreten. Weitere Vertreter dieser Art sind *darum, darauf, dafür, dazu, damit, daran, dies* und *jenes*. Meist steht der Hauptsatz vor der Infinitivgruppe, gelegentlich treffen wir aber auch auf eigenwilligere Satzgefüge:

Mit dir auszugehen, **daran** denke ich ja nicht!
Daran, *mit dir auszugehen,* denke ich ja nicht!

Besonders tückisch ist die eingeschobene Variante, hier sind gleich zwei Kommas vonnöten. Aber wer konstruiert schon solche Sätze?

3. Fall: Die Infinitivgruppe hängt von einem Substantiv ab

Viele organisierte Gruppen hängen am finanziellen Tropf ihres Geldgebers. Das führt dazu, dass sie in ihrem Dienst stehen; sie müssen nach ihrer Pfeife tanzen. So in etwa kannst du dir die Abhängigkeit der Infinitivgruppe von ihrem übergeordneten Substantiv vorstellen. In diesem Verhältnis bezieht sich die Aussage der Infinitivgruppe vollständig auf das Substantiv, das ihr entweder vorangeht oder nachgestellt ist. Und wie könnte die Infinitivgruppe besser abhängig gemacht werden als mit einem Komma, das quasi die Nadel ist, die die Infusion setzt:

Das Substantiv verfügt über die **Fähigkeit**, *eine Infinitivgruppe abhängig zu machen.*

Die Infinitivgruppe erklärt »die Fähigkeit« näher. Wir könnten wie folgt nach ihr fragen: *Über welche Fähigkeit verfügt das Substantiv?* Antwort: *Eine Infinitivgruppe abhängig zu machen.*

Dieser Satzbau ist eindeutig, da die erklärende Infinitivgruppe unmittelbar auf das Substantiv folgt. Manchmal müssen wir jedoch genauer hinschauen, um zu erkennen, zu welchem Substantiv eine Abhängigkeit besteht. Wie hier:

Eine Infinitivgruppe abhängig zu machen, von dieser **Fähigkeit** macht das Substantiv nicht selten Gebrauch.

Ein nachgestelltes Substantiv birgt ein höheres Risiko für einen Kommafehler, da nicht immer auf Anhieb zu erkennen ist, ob die Infinitivgruppe von ihm abhängt. Aber es spielt keine Rolle, ob das Substantiv vor oder hinter der Infinitivgruppe steht; wichtig für die Zeichensetzung ist nur die Abhängigkeit.

Wenn du Konjunktionen, Korrelate und Substantive als Warnzeichen erkennst, gehst du den Infinitivgruppen schon wesentlich seltener in die Falle. Dann lass uns als Nächstes klären, in welchen Fällen dir die Kommasetzung zwar freigestellt ist, aber welche Missverständnisse sich daraus ergeben können.

Fallen der zweiten Art – freiwillige Kommas

Ich muss dir ein Geständnis machen: Eine Seite zuvor, da … da habe dich belogen. Ja, ein wenig schäme ich mich dessen auch. Aber es geschah aus gutem Grund! Die Wahrheit ist: Du musst gar nicht unbedingt ein Komma setzen, wenn die Infinitivgruppe von einem Substantiv abhängt. Aber falsch ist es eben auch nicht, deshalb hält sich meine Reue in Grenzen. Die Ausnahme bildet der bare Infinitiv, an dem nichts weiter hängt als »zu«:

Deine **Eigenschaft***(,) zu vertrauen(,)* finde ich großartig.

Wird die Infinitivgruppe jedoch nur um ein einziges Mitglied erweitert, und dazu genügt bereits das Pronomen »mir«, sind zwei Kommas nötig:

Deine **Eigenschaft**, *mir zu vertrauen,* finde ich großartig.

Jetzt verstehst du auch, warum ich dir einen vom Pferd erzählen musste, und zwar weil das Komma nie falsch ist, solange die Infinitivgruppe in einem Verhältnis zu einem Substantiv oder Korrelat steht. Du tappst jedoch schnell in die Falle, wenn du es weglässt. Ergo handelte sich um eine didaktisch wertvolle Lüge.

Darüber hinaus empfiehlt sich das freiwillige Komma, um Missverständnisse zu vermeiden. Denken wir dabei an zwei Freundinnen namens Katrin und Sabrina, die beide im Marketing derselben

Firma arbeiten und in diesem Augenblick über ihre Kollegin Nina tratschen. Nina führt eine Beziehung mit Ben aus der Buchhaltung. Nun wurde Sabrina kürzlich Zeugin eines Seitensprungs seitens Ben, genauer gesagt sprang Ben auf Sabrinas »Seite«. Natürlich hätte Sabrina darüber schweigen können, sie hielt es jedoch für notwendig, ihre Freundin Katrin um Rat zu bitten, wie sie denn an ihrer Stelle mit dieser heiklen Sache umgehen würde. Katrins retrospektiver Rat »Ich hätte mich nicht auf Ben eingelassen!« hilft Sabrina leider nur bedingt – aber zumindest wird sie dichthalten, oder etwa nicht?

Katrin versichert: »Ich verspreche Nina nichts zu erzählen.

Sabrina geht beruhigt aus dem Gespräch. Fünf Minuten später fragt sie sich jedoch: »Moment mal, wie hat Katrin das gemeint?« Tja, Sabrina, gute Frage! Ich behaupte mal, deine liebe Freundin Katrin hat sich mit dieser Aussage eigenmächtig eine Carte blanche ausgestellt und darf dich jetzt ungestraft Nina ausliefern. Ohne Komma lässt sich der Satz nämlich auf zwei Arten deuten. Zum einen könnte das Versprechen Sabrina gelten:

Katrin versichert: »Ich verspreche, Nina nichts zu erzählen.«

Zum anderen könnte das Versprechen auch Nina gelten, gleichwohl das in diesem Kontext eigenartig wäre:

Katrin versichert: »Ich verspreche Nina, nichts zu erzählen.«

Mit einem freiwilligen Komma hätte sich das Missverständnis von vornherein vermeiden lassen. Sabrina hätte lediglich bei Katrin nachhaken müssen: »Katrin, ich bin verwirrt. Wo genau steht das

Komma in deinem Versprechen?« Diese Vorgehensweise setzt allerdings voraus, dass Katrin die deutsche Zeichensetzung beherrscht. Das ist glücklicherweise der Fall, weil Katrin bereits dreimal dieses Buch gelesen hat.

Ein weiterer freiwilliger Fall liegt vor, wenn die Infinitivgruppe dem Hauptsatz vorangestellt ist und weder Substantiv, Korrelat noch Konjunktion involviert ist:

An die Spitze zu kommen(,) erfordert eine Spitzenstellung, nicht unbedingt eine Spitzenleistung.

Auch hier empfehle ich dir aber, stets das Komma zu setzen, weil sich in den Satz schneller ein Korrelat einschleichen kann, als Vorstände entamtet werden:

An die Spitze zu kommen, **das** erfordert eine Spitzenstellung.

Schon hätte die Falle zugeschnappt, und das muss ja nicht sein. Im Übrigen gilt aus stilistischer Sicht: Je länger die Infinitivgruppe, desto eher freuen sich Leser über ein Komma.

So, nun aber genug der freiwilligen Fälle. Abschließend betrachten wir jene bedrohlichen Situationen, in denen das Komma weder verpflichtend noch freiwillig, sondern schlicht verboten ist!

Fallen der dritten Art – verbotene Kommas

»Fallen der dritten Art« klingt im ersten Moment danach, als wollten uns Reptiloide[L] in ihr Raumschiff locken, um dann eine dieser

---

[L] Manche Menschen denken, dass unser Planet vor geraumer Zeit von reptilienartigen Aliens (Reptiloiden) besetzt wurde, die heute unter uns weilen und unauffällig Einfluss auf unsere Gesellschaft, Politik und Ökonomie nehmen. Hat dein Nachbar vielleicht ledrige Haut? Dann ist er einer von ihnen!

berüchtigten Rektaluntersuchungen durchzuführen, damit sie unsere Schwachstellen erkennen und bestens vorbereitet sind für die Unterwerfung von uns Erdlingen. Warum dieser Gedanke zweifelhaft ist, erklärt allein schon die berechtigte Annahme, dass Wesen, deren Technik sie zu interstellarer Raumfahrt befähigt, vermutlich nicht erst unsere inneren Rohrleitungen in Augenschein[M] nehmen, geschweige denn sich unter unseresgleichen mischen müssten, nur um unser politisches System zu untergraben. Dieser langwierige Prozess klingt doch allzu weit hergeholt, da sie uns mit ihrer galaktischen Macht schließlich sofort unterwerfen könnten, sofern sie unsere Arbeitskraft ausbeuten wollten. Wozu also der Umweg? Nun ja, Verschwörungstheorien sind eben nicht für ihre messerscharfe Logik bekannt.

Indessen verhalten sich Infinitivgruppen stets logisch, nur haben wir manchmal Probleme, dieser Logik zu folgen. Schwierigkeiten bereiten uns zum Beispiel Verbklammern, in die die Infinitivgruppe eingebettet ist, was zum Kommaverzicht führt:

*Der Erdling **hat** zu fliehen **versucht**.*

Die Verben »hat« und »versucht« haben die Infinitivgruppe fest eingeklammert, ein Hervorheben mit Kommas wäre sinn- und nutzlos. Dasselbe Prinzip gilt hier, wo die Infinitivgruppe zwischen den Verben »mussten« und »stoppen« eingesperrt ist:

*Die Wesen **mussten** ihn zu stoppen **versuchen**.*

Ein derartiger Satzbau ergibt sich nur in Verbindung mit einem Hilfs- oder Modalverb. Allerdings greift ein ähnliches Prinzip bei

[M] Oder wie auch immer die optische Wahrnehmung dieser Wesen funktioniert.

Verben, die zwar im Grunde Vollverben sind, die wir jedoch manchmal nicht als solche gebrauchen. Hierzu zählen beispielsweise *brauchen, pflegen, scheinen, drohen, vermögen, wissen, versprechen* und die Redewendung *es gibt*. In einigen Fällen müssen wir sie trotz Infinitivgruppe kommafrei im Satz dulden, und zwar immer dann, wenn sie sogenannte *unechte Hilfsverben* sind. Ohne Beispiel ist das kaum zu verstehen, also begeben wir uns doch zur Abwechslung mal in kein Raumschiff, sondern in ein klimafreundliches, mit Schweröl betriebenes Kreuzfahrtschiff:

Der Kapitän spricht: »Das Schiff droht zu kentern!«

Es leuchtet ein, dass ein Komma hier unangebracht wäre, da das Verb »drohen« nicht in seiner Grundbedeutung verwendet wird. Vielmehr steht es für »Gefahr laufen« oder »im Begriff sein«. Nähmen wir es wörtlich, so hieße es, das Schiff selbst würde drohen. Also ungefähr so: »Werte Kommandobrücke, entweder ihr flößt mir jetzt hochwertigeren Treibstoff ein oder ich kentere!«

In einer Welt, wo das der Realität entspräche, verlangten die Schiffe aber vermutlich nicht mehr nach fossilen Brennstoffen. Und außerdem würden sie sich selbst versorgen.

Auch das Verb »pflegen« können wir übertragend verwenden, nämlich im Sinne von »die Gewohnheit haben«, wobei es sich immer auf eine kommafreie Infinitivgruppe bezieht. Denken wir, inspiriert vom soeben gemalten Szenario, an die Zukunft der Pflege, die die Industriestaaten noch gehörig herausfordern wird. Aller Voraussicht nach werden viele alte Menschen von wenig Personal gepflegt werden müssen. Das wird natürlich Antipathie erzeugen:

Der Pfleger pflegt selbst Flegel zu pflegen, manchmal mit einem Flegel.

Wer könnte es dem Pfleger verübeln, es fehlt eben an finanziellem Anreiz. Mit guter Bezahlung werden leider eher die nutzlosen Berufe belohnt. Der verstorbene Autor David Graeber nannte sie in seinem gleichnamigen Buch *Bullshit Jobs,* worunter seiner Meinung nach das Investmentbanking und die Unternehmensberatung fallen. Diese Jobs empfahl der Autor zu beseitigen. Und damit habe ich dir klammheimlich einen weiteren kommafreien Fall untergejubelt, und zwar die sogenannte *Spitzenstellung.* Ich wiederhole den Satz:

Diese Jobs empfahl der Autor zu beseitigen.

Du siehst, was hier passiert ist? Ein Teil der Infinitivgruppe wurde an die »Spitze« des Satzes gestellt. In dieser syntaktischen[N] Spielart

[N] Die Syntax steht für die korrekte Verknüpfung von Wörtern und Wortgruppen zu Sätzen. Außerdem bezeichnet man mit dem Begriff die Satzlehre im Allgemeinen.

lautet die Devise: das Wichtigste zuerst! Und für die Zeichensetzung bedeutet das: kein Komma!

Ich bin kein großer Fan vom Entzweien der Infinitivgruppe, da sich dadurch die Sätze irgendwie holprig lesen. Andererseits können solche Spielereien für Abwechslung sorgen. Und die ist unserem Stil ja meist ganz zuträglich.

Zusammenfassung

- Der Infinitiv ist die nicht konjugierte Grundform des Verbs. Zum Beispiel: *denken, arbeiten, reden.*
- Schließt sich der Infinitiv mindestens mit dem Wort »zu« zusammen, bildet sich eine Infinitivgruppe.
- In drei Fällen benötigt die Infinitivgruppe ein Komma:

  1) Sie wird von einer Konjunktion eingeleitet:

  *Benni ist zu erschöpft, **um** heute zu arbeiten.*

  2) Sie bezieht sich auf ein Korrelat:

  *Die Menschen lieben **es**, über ihre Arbeit zu reden.*

  3) Sie hängt von einem Substantiv ab:

  *Hast du auch den **Wunsch**, finanziell frei zu sein?*
- Weisen unechte Hilfsverben auf eine Infinitivgruppe hin, ist das Komma verboten: *Die Firma **droht** bankrott zu gehen.*
- Auch verboten ist das Komma, wenn eine Verbklammer die Infinitivgruppe einschließt: *Anja **hat** zu protestieren **gewagt**!*
- In allen anderen Fällen haben wir die freie Wahl. Manchmal beugen freiwillige Kommas aber Missverständnissen vor:

  Sie bat Tante Elisa, zu essen. → Nächstenliebe

  Sie bat, Tante Elisa zu essen. → Anstiftung zum Kannibalismus

1.6 Gegen Prinzipien verstoßende Partizipien

Wenn ich mich mit Partizipien beschäftige, muss ich oft an das genderkonforme Wort »Studierende« denken, mit dem die Hochschulen seit einigen Jahren die »Studenten« auszuradieren versuchen. Aus semantischer Sicht ist das jedoch höchst fragwürdig. Das erste Partizip von »studieren« lautet »studierend«, und damit wird betont, dass jemand in diesem Moment studiert; die Person ist aktiv. Ein spielendes Kind spielt schließlich auch jetzt und nicht erst morgen, nicht wahr? Derselben Regel gehorcht ein bellender Hund.

Nun zur offensichtlichen Misere: Gemäß der Grundbedeutung studieren Personen, sofern sie sich »intensiv um etwas bemühen, sich etwas aneignen, lernen, zu erforschen suchen [und/oder] eine Universität oder Fachschule besuchen«. Nichts dergleichen traf auf etliche meiner Kommilitoninnen und Kommilitonen zu, die im Grunde nur auf dem Papier studierten und sich allerhöchstens intensiv ums Feiern bemühten. Bis sie schließlich eines Tages frei- oder unfreiwillig exmatrikuliert wurden. Und dieser Umstand lässt sich, bis zur vorzeitigen Entlassung, deutlich besser mit der Definition »Student« vereinbaren. Denn Student ist man, wenn man »an einer Fach- oder Hochschule bzw. Universität immatrikuliert ist«.[8] Folglich sind Eingeschriebene immer Studenten, aber nicht unbedingt Studierende.

Aber anstatt weiter auf semantischen Prinzipien herumzureiten, wenden wir uns lieber den *Partizipien* samt ihren Gruppen zu. Die gute Nachricht voran: Kommas partizipieren deutlich seltener an Partizipien als an den fiesen Infinitiven. Partizipien begegnen uns in zwei Zeiten: im Präsens und im Perfekt. Hierzu zwei Beispiele:

brechen → Partizip I: brechend, Partizip II: gebrochen
radebrechen → Partizip I: radebrechend, Partizip II: geradebrecht

Jemand, der sich bei dem Versuch, eine Fremdsprache zu sprechen, auf gut Deutsch einen abbricht, der radebrecht oder blamiert sich radebrechend (Partizip I). Rückblickend hat die Person dann geradebrecht (Partizip II), nicht etwa »geradebrochen«. Und zwar, weil es sich bei »radebrechen« um ein sogenanntes *schwaches Verb* handelt, das in den Vergangenheitsformen seinen Wortstamm beibehält. Randnotiz: Das Verb »radebrechen« stammt aus dem Mittelalter, wo das Rädern noch als Foltermethode galt. Irgendwann übertrug man es auf die Sprache, die ein Radebrechender mangels Kenntnis »quält« oder »grausam zurichtet«.[9] Und wie uns das Wort »Radebrechender« demonstriert, lassen sich Partizipien sogar substantivieren, was uns jedoch nur als Randnotiz in der Randnotiz beeindrucken soll.

Sofern wir ein Partizip alleinstehend verwenden, es also von keiner Gruppe umgeben ist, brauchen wir kein Komma zu setzen:

Schnaubend(,) rannte der Stier auf mich zu.
Triumphierend(,) hält Sarah ihren Pokal in die Höhe.
Echauffiert(,) schrieb ich eine gepfefferte E-Mail an den Dekan.

Falsch wäre ein Komma unmittelbar nach den Partizipien zwar nicht, empfehlenswert aber auch nicht. Denn welchen Nutzen würde es stiften? Es erzeugte eine unnötige Sprechpause und außerdem sind die Sätze übersichtlich genug. Allerdings kann die Übersichtlichkeit schnell leiden, wenn sich um das Partizip eine Gruppe bildet:

Vor wilder Raserei schnaubend(,) rannte der Stier auf mich zu.
Mit jeder Faser triumphierend(,) hält Sarah den Pokal in die Höhe.
Über das fehlende semantische Feingespür echauffiert(,) schrieb ich eine gepfefferte E-Mail an den Dekan.

Hier ist ein Komma unserem Satzverständnis ungemein zuträglich. Noch empfehlenswerter ist ein Hervorheben der Partizipgruppe, sobald wir sie in der Satzmitte darstellen. Hierbei sollte uns klar sein, dass wir nur zwei Optionen haben: Entweder wir setzen sowohl vor als auch nach der Partizipgruppe ein Komma oder gar keins. Nur ein Komma zu setzen, ist keine Option!

Der Stier rannte(,) vor wilder Raserei schnaubend(,) auf mich zu.
Sarah hält(,) mit jeder Faser ihres Körpers triumphierend(,) ihren Pokal in die Höhe.
Ich schrieb(,) über sein fehlendes semantisches Feingespür echauffiert(,) eine gepfefferte E-Mail an den Dekan.

Wenn ich so einen Blick auf die Klammer werfe, die das links angrenzende Wort touchiert, da denke ich an die Angewohnheit mancher Leute, das Komma beidseitig mit Leerschritten zu versehen. Schon mal gesehen? Das meine ich:

Michelle sitzt auf dem ***Balkon , wenn*** *die Sonne scheint.*

Aus irgendeinem Grund sind sie der Meinung, das Komma würde sich nicht nach buchstabiger Nähe sehnen. Ein schwerer Irrtum! Es berührt stets das linksseitige Wort und »schwebt« niemals frei im Satz. Doch bevor du mich noch für wunderlich hältst, weil ich einem Strich Seele einzuhauchen versuche, verlassen wir diesen eingeschlagenen Weg schnell wieder. Stattdessen konzentrieren wir uns auf zwei Fälle, bei denen die Partizipgruppe tatsächlich nach dem kurzen, seelenlosen Komma verlangt.

1. Fall: Hinweisende Wörter oder Wortgruppen
Wie bei der Infinitivgruppe gilt: Hinweisende Wörter oder Wortgruppen machen die Partizipgruppe abhängig, und Abhängigkeit führt zu Kommazwang:

*Tief in Gedanken versunken, **so** rannte ich vor die Laterne.*
*Zum Smartphone greifend, **auf jene Weise** startet für viele der Tag.*[10]

Glücklicherweise existieren nur wenige von solchen hinweisenden Wörtern, was diesen Satzbau selten macht. Häufiger kommt hingegen der zweite Fall vor.

2. Fall: Sie folgt unmittelbar auf ein Bezugswort
Auch in dieser Hinsicht ähnelt die Partizip- der Infinitivgruppe. Sobald sie als Einschub auf ein Bezugswort folgt, müssen wir sie mit zwei Kommas hervorheben. Ebenfalls ein Komma verlangt die Partizipgruppe, wenn sie dem Satz nachgestellt ist:

Peter Petersen, bekannt für seinen Frontalunterricht, war ein angesehener Pädagoge des 20. Jahrhunderts.
Ich, wild in die Tasten tippend, widme mich der Interpunktion.
Rauchen ist Unsinn, finanziell und gesundheitlich betrachtet.

Nun hat die Kommapflicht in diesem Fall aber nur bedingt etwas mit der Partizipgruppe zu tun; vielmehr rührt sie von der *nachgestellten Erläuterung* her. Sofern du mehr über diesen spannenden Baustein der Syntax erfahren möchtest, habe ich freudige Nachrichten: In einem separaten Kapitel widmen wir uns ausführlich sowohl der nachgestellten Erläuterung als auch der Apposition, denn beide rangieren hoch in der Kommafehlerstatistik.

Am unteren Ende indes rangieren formelhafte Ausdrücke wie *angenommen, genau genommen, streng genommen, wie gesagt, wie erwähnt, wie besprochen, wie angekündigt, so gesehen* und einige mehr, nach denen wir kein Komma setzen müssen.[11] Sie begegnen uns regelmäßig im elektronischen Schriftverkehr, wo sie nicht selten mit hauchzart übertriebener Förmlichkeit auffallen. Etwa auf folgende Art:

Sehr geehrte Damen und Herren,

wie in meinem Schreiben vorige Woche angekündigt(,) trachtet unsere bonitätsstarke Unternehmung danach, eine beträchtliche Menge Ihrer Vakuumpumpen zu erwerben. Darum mögen Sie mir bitte baldigst ein verbindliches Angebot über <u>zwei</u> Stück zukommen lassen.

Hochachtungsvoll
Jemand, der sich zum Obst der Woche macht

Doch was bilde ich mir ein, die Kommunikation der deutschen Geschäftswelt zu verspotten; immerhin war ich selbst fünf Jahre lang in der konservativen Metallbranche tätig. Und floskelhafte Nachrichten dieser Art verließen auch meinen E-Mail-Account. Aber die Zeichensetzung war meist tadellos!

Zusammenfassung

- Wir unterscheiden zwei Partizipien:
  Partizip I (Präsens): ***Schnaubend****(,) rannte der Stier auf mich zu.*
  Partizip II (Perfekt): *Die Sachen* ***gepackt****(,) brachen sie auf.*
- Mit dem Partizip I beschreiben wir etwas, das gerade passiert. Ein »Meckernder« meckert in dieser Sekunde.
- Hingegen deutet das Partizip II auf etwas Vergangenes hin.
- Schließen sich Partizipien mit anderen Wörtern zusammen, bildet sich eine Partizipgruppe.
- In zwei Fällen verlangt uns die Partizipgruppe wenigstens ein Komma ab:
  1) Hinweisende Wörter beziehen sich auf sie:
  Auf der Seite liegend, ***so*** *schlafen die meisten Menschen.*
  2) Sie folgt auf ein Bezugswort oder ist dem Satz nachgestellt:
  Herr Mehlig, stets gut gelaunt, war mein Chemielehrer.
- Nach formelhaften Ausdrücken wie »streng genommen« oder »wie gesagt« ist uns das Komma freigestellt.
- In allen anderen Fällen ebenso. Aber: Positionieren wir die Partizipgruppe mitten im Satz, bleiben wir konsistent. Das heißt, wir setzen entweder zwei Kommas oder gar keins!

1.7 Unterirdische Ausrufe der Jugend

Dramödie in der U-Bahn. Zwei Jugendliche unterhalten sich nebeneinander sitzend über den Deutschunterricht. Er – wir nennen ihn Brudi – befragt seine Mitschülerin – sie taufen wir Schwesta – zu einem wichtigen grammatischen Element. Daraufhin gebraucht sie einen didaktisch wertvollen Ansatz. Bühne frei!

Brudi: »Ey, Eva!«

Schwesta: »Was willst du?«

Brudi: »Frau Melzer hat in Deutsch heute irgendwas von einer *Intereption* gelabert. Was meinte die?«

Schwesta: »Du meinst *Interjektion*?«

Brudi: »Ja, Mann! Was ist das?«

Schwesta: »Bro, du bist ja voll lost!«

Brudi: »Jetzt sag schon! Ich kann's nicht googeln, ich hab 'ne Bambusleitung hier unten.«

Schwesta: »Interjektionen sind Ausrufewörter, ahnma. Damit kannst du Empfindungen ausdrücken.«

Brudi: »Empfindungen? Du meinst Gefühle?«

Schwesta: »Davon verstehst du nichts, was? Nein, nicht direkt Gefühle. Eher kurze Reaktionen. Sowas wie: *Sheesh, wieso stellt mir der Lauch so grenzdebile Fragen?*«

Brudi: »I get it! Das heißt, ich könnte zu dem Tintling da drüben sagen: *Haha, mit deinem Overcut siehst du aus wie ein Opfer!* Und dann wäre *haha* die Interjektion?«

Schwesta: »Ja, schon. Aber mit deinen kleinen Interneteiern würdest du dich das eh nicht trauen.«

Brudi: »Habibi, hab mal 'n bisschen mehr Respekt! Pass auf, ich zeig's dem Geringverdiener jetzt.«

Schwesta: »Wyld! Ich schreib schon mal dem Notarzt.«

Mit geschwellter Brust schreitet Brudi, der Reinhäuter, auf den Tintling zu. Wie geprahlt frontet er ihn. Der Tintling sieht verächtlich an Brudi herunter, umgreift ihn mit seinem linken Arm und zückt mit der rechten Hand ein kabelloses Gerät. In mädchenhafter Kursivschrift tätowiert er »Googleschreiber« in Brudis Nacken. Mit schmerzverzerrter Stimme schreit Brudi hinaus: »Eeeeevaaaa, hast du gewusst, dass der Typ ein Tintendrücker ist? Hätte ich das geahnt, Digga, ich schwör: Dann hätte ich nur Tweef mit dem Macher angefangen!«

So schnell wurde Brudi vom Reinhäuter zum Tintling. Das Tattoo war zwar gratis, es ging aber gleichzeitig »auf seinen Nacken«. Verwirrend, oder?

Nicht ganz mitgekommen? Dessen musst du dich nicht grämen, denn die Quintessenz, dass Interjektionen Ausrufewörter sind und dass man sie mit einem Komma vom Rest des Satzes abhebt, wird dir sicher nicht entgangen sein. Und falls du darüber hinaus wissen möchtest, von welchen exotischen Begriffen unsere Protagonisten Gebrauch gemacht haben – wirf einen Blick auf diese Liste:

ahnma	Kurzform für »(Er)ahne das mal.« Alternative Deutungen: »Kannst du dir das vorstellen?«, »Kapierst du das?«, »Komm (da) mal drauf klar!«
Bambusleitung	schlechte Internetverbindung
Bro	Leitet sich genauso wie »Bra« oder »Bre« von »Brother« ab und bedeutet »Kumpel« oder »Kollege«.
Digga	Ein zeitloser Klassiker unter den Anreden, abgeleitet vom norddeutschen »Dicker«. Der Körperfettanteil der angesprochenen Person spielt hierbei keine Rolle, denn die Anrede ist wohlwollend.
fronten	jemanden (verbal) angreifen
Geringverdiener	Loser (eher scherzhaft gemeint)
Googleschreiber	eine Person, die im Google-Suchfeld eine vollständige Webadresse (www.christiangaschler.de) eingibt, anstatt sie ins Adressfeld des Browsers einzugeben
Habibi	Liebling
I get it	Ich verstehe!
Interneteier	hat jemand, der nur online mutig ist
Lauch	Trottel, Schwächling, Dussel, Depp
lost sein	ahnungslos sein
Macher	jemand, der Dinge umsetzt, ohne zu zögern
sheesh	Nicht dein Ernst? Meine Güte!
Overcut	Halbglatze
Reinhäuter	nicht-tätowierter Mensch
Tintendrücker[O]	jemand, der jemandem Tinte in die Haut drückt
Tintling[P]	tätowierter Mensch
Tweef	Verschmelzung von »Beef« und »Twitter«. Sie umschreibt ein auf Twitter ausgetragenes Wortgefecht.
wyld	heftig, außergewöhnlich, besonders

[O] Dies ist (noch) kein jugendsprachlicher Begriff, vielmehr ein spontaner Neologismus, der mir in den Sinn kam.

[P] Tintlinge sind Pilze mit einem seltsamen Phänomen: Wenn sie reif sind, verdauen sie sich selbst und sondern dabei eine schwarze Substanz ab, aus der man früher tatsächlich Tinte herstellte. Dies veranlasste die Jugend dazu, den Begriff Tintling sinnbildlich auf einen tätowierten Menschen zu übertragen.

Die Jugendsprache grassiert nicht nur in öffentlichen Verkehrsmitteln. Diese Vokabeln zu lernen, wird dir daher noch wertvolle Dienste erweisen. Aber vergessen wir die sprachlichen Angewohnheiten der Jugend für einen Augenblick und wenden uns stattdessen den immer seltener werdenden Höflichkeitswörtern »bitte« und »danke« zu. Wie schreibt man sie? Und wann werden sie von Kommas begleitet?

Hierzu eine Geschichte: In meinem Freundeskreis habe ich den Ruf als wahrhaftiger Klugscheißer. Völlig unverständlich, ich weiß. Und doch scheint meine Klugscheißerei manches Mal erwünscht, nämlich wenn man mir diverse grammatische Fragen zukommen lässt und um baldige Reaktion bittet. So wie neulich, als mich Marco um Rat bat, wie man »danke« korrekt schreibe. Ihm ging es dabei vorrangig um die Groß- und Kleinschreibung, nicht etwa um die Zeichensetzung. Tja, und was soll ich sagen: Er lockte mich mit dieser vermeintlich einfachen Frage aus der Reserve. Bis zu diesem Zeitpunkt war ich fest davon ausgegangen, dass wir »danke« kleinschreiben, mit Ausnahme von substantivierten Fällen wie »Vielen Dank!« oder »Richte ihr ein herzliches Danke aus!«.

Aber wenn jemand verlautet: »Hiermit möchte ich Danke schön sagen!«, empfiehlt uns der Duden die Großschreibung[Q] – wenngleich auch die Kleinschreibung erlaubt ist.[12] Sobald hingegen »danke« als eigenständiger Satz im Sinne von »ich danke« zu verstehen ist, schreibt es sich klein und wird von einem oder zwei Kommas begleitet. Zum Beispiel: »Mir geht es gut, danke.« Nach demselben Prinzip lautet die Antwort auf die Frage, ob wir Hilfe benötigen: »Nein, danke, es geht schon.« Die Pflicht zur Großschreibung am Satzanfang bleibt davon selbstredend unberührt.

[Q] Erlaubte Schreibweisen: »Ich sage *Danke schön*« und »Ich sage *danke schön*«. Jedoch immer: »Richte ihr *ein Dankeschön* aus!«

Und wie handhaben wir »bitte«? Im Grunde ähnlich. Für den Fall, dass wir »Bitte sagen« wollen, empfiehlt uns der Duden ebenfalls die Großschreibung.[13] Alles andere wäre auch inkonsequent!

Indessen schreiben wir »bitte« (wie »danke«) klein, wenn es den Charakter eines eigenständigen Satzes im Sinne von »ich bitte darum« hat. Also in Sätzen wie: »Nimm doch Platz, bitte!« In diesem Fall betonen wir es nachträglich, das Komma erzeugt eine kurze Sprechpause. Genauso aber könnten wir sagen: »Nimm doch bitte Platz!« In dieser Version geht uns das höfliche Wort schneller über die Lippen, weshalb eine Kommasetzung nicht nötig, aber möglich ist. Insbesondere bei kurzen Fügungen wie »Bitte anhalten!« oder »Bitte nicht schon wieder!« verzichten wir aus sprachästhetischen Gründen auf ein Komma. Denn mit dem Beistrich[R] spricht sich der Satz irgendwie holprig, oder? Und das steht der kurzen und knackigen Aufforderung im Wege, in deren Genuss unser Gegenüber kommen soll. Im Übrigen genießen wir diese Kommafreiheit auch bei einem flott gesprochenen »Nein danke!«, wo wir ebenfalls nicht an Schnelligkeit einbüßen wollen.

Zu den Höflichkeitsformen können wir auch die Anreden zählen, auf die heutzutage in »unterirdischen Dialogen« und Kurznachrichten immer weniger Wert gelegt wird. Warum auch? Der Empfänger kennt uns doch eh! Einleitungen wie »Hallo Schatz, …« oder »Guten Morgen Lola, …« sind völlig überbewertet. In einer effizienten Nachricht kommen wir selbstverständlich gleich zur Sache: »Wann kommst du heute nach Hause?« Oder: »Essen wir nachher eine Lauchsuppe oder einen Couscous-Salat?« Das ist nur verständlich, denn der Entfall der Einleitungsfloskel spart uns Unmengen an Zeit, die wir viel sinnvoller nutzen können. Zum Bei-

---

[R] Das ist eine alternative Bezeichnung für das Komma, wir brauchen schließlich Abwechslung.

spiel, um zum 23. Mal während der Arbeitszeit die LinkedIn-Updates zu checken.

Wenn du die persönliche Anrede allerdings genauso schätzt wie ich, so findest du in mir einen Sympathisanten. Zum Dank sei dir in Bezug auf die Kommasetzung folgendes Hintergrundwissen vermittelt: Das erste Komma in Einleitungen wie »Hallo(,) Schatz!« oder »Guten Morgen(,) Lola!« war nicht immer freiwillig. Früher hieß es ausschließlich: »Guten Morgen, Lola, wie geht es dir heute?« Weil sich daran aber nur die wenigsten hielten, so meine Vermutung, akzeptierte der Duden irgendwann beide Versionen. Nicht davon betroffen sind die folgenden Einleitungen:

Sehr geehrter Schatz, *ich bin froh, dass ich dich habe.*
Liebe Lola, *dein Couscous-Salat schmeckt köstlich.*
Geschätzte Kollegen, *ich werde euch vermissen!*

Diese Fälle unterscheiden sich von den vorherigen, denn hier stellen die einleitenden Wörter Attribute dar; sie hängen fest an »Schatz«, »Lola« beziehungsweise den »Kollegen«, weshalb ein Komma zwischen Attribut und Substantiv unsinnig wäre.

Und wie verhält es sich mit Schlussformeln? Darf man da wenigstens Punkte oder Kommas setzen? Nein, normalerweise nicht, auch wenn sich dieser Glaube hartnäckig hält. Eine Nachricht könnte zum Beispiel mit einem der folgenden Grüße enden:

Lieber Gruß / Viele Grüße / Mit freundlichem Gruß / Beste Grüße
Christian

Weder Punkt noch Komma braucht es dort, da es sich um feste Fügungen und gleichzeitig unvollständige Sätze handelt. Lediglich einen abgeschlossenen Satz, den wir wie immer am Prädikat erkennen, beenden wir mit einem Punkt.

Ich sende dir sonnige Grüße an deinen Wohnort.
Christian

Genug der Gruß- und Schlussformeln. Das Kapitel hat so jugendsprachlich begonnen, was böte sich da im Kontrast besser an, als einige totgeglaubte Interjektionen wiederzubeleben? Eben drum übernimmt folgende Liste den Abschluss. Bediene dich dieser Ausrufe ungeniert, und du wirst in deinem Umfeld garantiert für Heiterkeit sorgen. Dem pflichten selbst Brudi und Schwesta bei.

Mannomann, was war denn bei dir los?
Ogottogott, das darf doch alles nicht wahr sein!
Jessas (Jesus), ich falle vollends vom Glauben ab!
Juchhe, heute ist mein Geburtstag!
Husch, ab ins Bett mit euch!
Kuckuck, wo steckt ihr?
Menschenskind, das ist aber mal ein Kerl!
Oh, là, là, was sehe ich da Entzückendes?
Potzblitz, das haut den stärksten Seemann um!
Donnerwetter, sag ich, Donnerwetter!
Pah, das Kleid steht dir viel besser als der Thusnelda!
Schwupp, plötzlich war unsere kleine Marlene auf der Welt!
Wohlan, lasst uns zur Tat schreiten!
Ade, Freunde, ade!

Zusammenfassung

- Interjektionen sind Ausrufewörter, die Empfindungen ausdrücken. Zum Beispiel Überraschung: *Ach, das ist ja ein Ding!*
- Steht die Interjektion am Satzanfang oder -ende, grenzen wir sie mit einem Komma ab: *Sie hält sich also für nett, aha!*
- In der Satzmitte benötigt sie gleich zwei Kommas: *Dein Vorschlag ist, na ja, gewöhnungsbedürftig.*
- Die Höflichkeitswörter »bitte« und »danke« verlangen ein Komma, wenn sie als eigenständiger Satz zu verstehen sind: *Schnall dich an, bitte! Danke, wie nett von dir!*
- Indessen lassen wir das Komma weg, wenn wir sie formelhaft gebrauchen und weniger stark betonen: *Nein danke! Leihst du mir bitte dein Fahrrad?*
- Wenn wir »Danke (schön)« oder »Bitte (schön)« sagen, dürfen wir die Höflichkeitswörter groß oder klein schreiben.
- Bei Grußformeln steht streng genommen sowohl ein Komma vor als auch nach dem Namen: *Hallo(,) Markus, wie geht's?*
- Hiervon ausgenommen sind attributive Einleitungen wie: *Sehr geehrter Herr Sandig, … Liebe Frau Fröhlich, …*

1.8 Aufgezählte Schmeicheleien

Aufzählungen können »im Dienst der erschöpfenden Beschreibung stehen oder einfach nur um der Reihenbildung wegen gebraucht werden«. So schrieb es Burkhard Moennighoff trefflich in seinem puristisch betitelten Werk *Stilistik*.[14] Das Schlagwort hier lautet »erschöpfend«, da es mich an eine Anekdote erinnert.

Zum 70. Geburtstag bekam mein Onkel Siegfried von der Familie eine Quad-Tour durch den Thüringer Wald geschenkt. Ein ziemlich cooles Geschenk für einen Siebzigjährigen, was? Allerdings sollte ihm die frische Waldbrise nicht allein ins Gesicht wehen: Das Geschenk war an die Teilnahme einiger weiterer Familienmitglieder gebunden, wofür man uns einen gewissen Eigennutz hätte vorwerfen können. Federführend plante das Ganze mein Onkel Werner, wobei er, wie gewöhnlich, überaus gründlich vorging und uns regelmäßig Updates auf elektronischem Postweg zukommen ließ. Das Event sollte nämlich kurz nach Lockerung des ersten Corona-Lockdowns stattfinden. Entsprechend schwierig gestaltete sich die Planung, weil wir um die Hotelreservierung bangen mussten.

Siegfried, der eher nicht für seine Motivation bekannt ist, umfangreich zu antworten, belohnte das letzte von Werners Updates mit einem effizienten Dreizeiler:

Hallo Werner,
vielen Dank für die erschöpfende Ausführung.
Ich werde kommen und freue mich natürlich auf das Wiedersehen und die gemeinsame Tour.
Viele Grüße
Siegfried

Mein Sprachgefühl signalisierte mir, dass sich hier ein Missverständnis anbahnte. Und ich sollte mich nicht irren, denn bereits eine Stunde später antwortete Werner, er sei nachdenklich darüber, wie er den Begriff »erschöpfend« zu deuten habe. Er hoffe, ihn im Sinne der primären Bedeutung »sehr ausführlich« und nicht im sekundären Sinne von »ermüdend, beschwerlich« verstehen zu dürfen. Das war der Moment, als ich vor Lachen fast auf die Holzdielen knallte. Was so komisch daran war? Auf mich wirkte keine der beiden Definitionen sonderlich schmeichelhaft.

Obzwar er Werner die Antwort schuldig blieb, stellte sich später heraus, dass Siegfried das Erlebnis rundum gelungen fand – und zwar inklusive Vorbereitung! Was aber viel wichtiger für dieses Werk der deutschen Sprache und vermutlich auch für dich von größerem Interesse ist als die erschöpfende Ausführung meines Privatlebens: Selbst mein wortmüder Onkel Siegfried machte in seinem Dreizeiler Gebrauch von einer Aufzählung! Nämlich: »Ich werde kommen *und* freue mich natürlich auf das Wiedersehen *und* die gemeinsame Tour.«[5] Das darf man ja wohl als Beweis für den weiten Verbreitungsradius dieser Stilfigur werten!

Zum Glück aber locken uns Aufzählungen hinsichtlich der Zeichensetzung nur selten aus der Reserve. Das liegt wohl daran, dass wir die aufgezählten Elemente gut erkennen und instinktiv mit Kommas abtrennen, solange sie nicht mit einer kommabefreiten Konjunktion wie »und« verbunden sind, auf die mein Onkel zurückgriff. Doch nicht so schnell: Was können wir überhaupt alles aufzählen?

Dazu bedienen wir uns am besten einer Aufzählung: *Hauptsätze, Nebensätze, Infinitivgruppen, Subjekte, Objekte, Prädikate, Attribute* und *Adverbiale*. Bis auf eine Ausnahme wurden alle Elemente brav

---

[5] Stilistische Anmerkung: Um eine Wiederholung zu vermeiden, ist es in solchen Fällen ratsam, das zweite »und« durch ein »sowie« zu ersetzen.

mit einem Komma abgetrennt; das dürfte uns bisher noch nicht aus der Reserve gelockt haben. Aber leider ist es auch noch kein Grund für Jubelschreie, denn hiermit befinden wir uns offiziell auf dem Niveau der sechsten Klasse. Bevor wir den Schwierigkeitsgrad erhöhen, anbei ein paar Aufzählungen.

Hauptsätze: Wir trafen uns in Gräfenthal, (wir) schlüpften in unsere Jacken, (wir) setzten uns die Helme auf, (wir) wurden in den Umgang mit den Geländefahrzeugen eingewiesen und (wir) bretterten anschließend mit 60 Sachen über Feld- und Waldwege.

Nebensätze: Das Quad kann die Bodenhaftung verlieren, *wenn der Boden nass oder gar gefroren ist, wenn der Weg zu steinig wird oder wenn man Kurven unterschätzt.*

Subjekte: *Wir,* das waren *Siegfried, Werner, Peter, Michael* und *ich,* genossen diesen ausgiebigen Männertrip.

Adverbiale: Der Tourguide führte uns *über steile und schmale Wege, entlang idyllischer Bächen, über Felder und Wiesen,* außerdem *einige Meter über asphaltierte Straßen.*

Objekte: Währenddessen bekamen wir weder *Füchse, Rehe, Hirsche, Wildschweine* noch *sonst irgendwelche Tiere* zu sehen.

Prädikate: Zum Ausklang *tranken, aßen, erzählten, scherzten und lachten* wir bis in die Nacht hinein.

Attribute: Das *thüringische, goldgelbe, süffige* Weißbier harmonierte hervorragend mit unseren durstigen Kehlen.

Bewusst habe ich meine Demonstration mit den Attributen beendet, denn sie bringen uns ab und zu aus dem Konzept. Wann muss ich zwischen zwei Attributen ein Komma setzen und wann darf ich es nicht? Diese Frage verunsichert uns im täglichen Schriftverkehr. Um sie zu beantworten, müssen wir erkennen, ob eines der beiden Attribute an sein Bezugswort – meist ein Substantiv – gekoppelt ist, die beiden Attribute also *nicht gleichrangig* sind.

Ziehen wir zum Verständnis erneut das Quad-Erlebnis zurate. Bei unserem Aufenthalt in Thüringen seinerzeit stellten wir fest, dass die Corona-Regeln von Bundesland zu Bundesland variierten. Ein Ärgernis! Viel sinnvoller wären einheitliche Regeln gewesen oder in anderen Worten ausgedrückt: Wir hätten uns über *länderübergreifende gesetzliche* Vorgaben gefreut. Offenkundig ist das Attribut »gesetzlich« fest mit dem Substantiv »Vorgaben« verbunden; sie bilden eine Einheit. Das Attribut »übergreifend« dient hingegen der näheren Beschreibung dieser Einheit. Und deshalb darf zwischen den Attributen kein Komma stehen! Das erkennen wir auch daran, dass wir sie weder vertauschen noch die Konjunktion »und« dazwischen positionieren können:

Attribute-Tausch: Wir hätten uns über *gesetzliche länderübergreifende* Vorgaben gefreut.
Mit »und«: Wir hätten uns über *länderübergreifende und gesetzliche* Vorgaben gefreut.

Beides klingt dürftig, dem ist kaum zu widersprechen. Damit hätten wir ja alles geklärt, oder? Fast. Was, wenn wir eigenmächtig entscheiden könnten, ob sich die Attribute auf demselben Rang befinden oder nicht? Tatsächlich ist das möglich. Der Rat für deutsche Rechtschreibung räumt uns diese Option im § 71 mit folgendem Wortlaut ein: »Gelegentlich kann der Schreibende dadurch, dass er ein Komma setzt oder nicht, deutlich machen, ob er die Adjektive als gleichrangig verstanden wissen will oder nicht.«

Ob sich ein Komma empfiehlt, hängt demnach vom Sinn ab, den wir vermitteln wollen. Um das begreiflich zu machen, verlassen wir Thüringen und reisen in Europa gen Süden. Stell dir vor, du schlägst deinem Partner oder deiner Partnerin einen Kurzurlaub in einer romantischen Stadt Europas vor. Daraufhin überlegt ihr gemeinsam, welche am geeignetsten wäre. Um deiner besseren Hälfte Appetit auf den Urlaub zu machen, stehen dir folgende Versionen zur Verfügung:

Version 1: Europa bietet uns *sichere, romantische* Städte.
Version 2: Europa bietet uns *sichere romantische* Städte.

Welche wählst du? Empfehlenswert ist die zweite Version. Denn die Bedeutung der ersten Version lautet: Europa bietet uns sichere Städte *und* Europa bietet uns romantische Städte. Die romantischen Städte müssen aber nicht unbedingt sicher, umgekehrt müssen die sicheren Städte nicht unbedingt romantisch sein. Mit der zweiten Version vereinst du beide Attribute und beteuerst, dass es in Europa Städte gibt, die sowohl sicher als auch romantisch sind. Und eine davon wollt ihr vermutlich bereisen. Zürich ist ein gutes Beispiel, denn die Stadt am Zürichsee gilt als äußerst sicher. Hingegen erfüllt Paris – zweifelsfrei eine romantische Stadt – aufgrund seiner hohen Kriminalitätsrate die Anforderungen jedoch eher weniger.[15]

Doch genug von romantischen Städtereisen oder vergnüglichen Fahrten auf einem Quad. In der weniger spaßigen Arbeitswelt, in der Schule oder im Studium müssen wir regelmäßig präsentieren. Lass uns daher zum Abschluss einen Blick auf ebenjene Präsentationen werfen, in denen ebenfalls eine Menge aufgezählt wird.

Auf einer klassischen PowerPoint-Folie finden wir den *kolumnenartigen Aufzählungsstil*. Gut, manche Präsentierende entscheiden sich alternativ für den romanartigen Fließtext, den sie monoton vorlesen. Sicherlich auch eine Option, sofern man vorhat, sein Auditorium einzuschläfern. Wer indessen lieber wache Zuhörer hat, greift auf folgendes Foliendesign zurück:

Ideen für eine gelungene Präsentation

- originellter Start
- nur Stichpunkte oder kurze Sätze
- mit vielen Bildern und Abbildungen arbeiten
- frei vortragen
- Blick zum Auditorium
- Sprechpausen statt »äh« und
- mit kurzer Zusammenfassung enden

Diese Variante sollte uns geläufig sein, und im Hinblick auf die Zeichensetzung ist daran nichts auszusetzen. Die Aufzählungspunkte können wir uns als »freie« Elemente vorstellen, die unbeschwert im Grammatikuniversum schweben. Wir könnten sie jedoch genauso einer Satzstruktur unterordnen, die wie folgt aussähe:

Ideen für eine gelungene Präsentation:

- origineller Start,
- nur Stichpunkte oder kurze Sätze,
- mit vielen Bildern und Abbildungen arbeiten,
- frei vortragen,
- Blick zum Auditorium,
- Sprechpausen statt »äh« und
- mit kurzer Zusammenfassung enden.

Im zweiten Fall ist die Summe der Aufzählungspunkte als ein Satz zu verstehen, für den die üblichen Regeln gelten. Soll heißen: Normalerweise beginnt er mit einem Großbuchstaben. Da dieser Satz jedoch kein Subjekt enthält, handelt es sich genau genommen um ein Satzfragment. Und dieses sollte nach einem Doppelpunkt klein beginnen, es sei denn, das erste Wort ist ein Substantiv.

Unabhängig davon trennen wir die Aufzählungspunkte entweder mit Kommas, Semikola[T] oder nebenordnenden Konjunktionen voneinander ab und beenden den Satz mit einem Punkt. Wichtig: Wir bleiben konsistent! Das heißt, wir setzen nicht ein Komma, weil wir es an der auserkorenen Stelle besonders nützlich finden, verzichten aber gleichzeitig auf alle anderen. Entweder hinter jedem Aufzählungspunkt oder hinter gar keinem, so lautet der logische Schluss. Und sollte innerhalb eines Aufzählungspunktes eine Information eingeschoben werden, so grenzen wir diese mit paarigem Komma ab. Was es mit der sagenumwobenen Paarigkeit auf sich hat, erfährst du im nächsten Kapitel.

[T] Ein Semikolon wird zu mehreren Semikola oder Semikolons. Mir sagen die Semikola mehr zu, da sie mit einem Buchstaben weniger auskommen.

Zusammenfassung

- Bei einer Aufzählung bildet sich eine Reihe, das heißt, es findet eine Nebenordnung statt.
- Die aufgezählten Elemente sind entweder mit Kommas oder nebenordnenden Konjunktionen verbunden.
- Aufzählen können wir Hauptsätze, Nebensätze, Subjekte, Prädikate, Objekte, Adverbiale und Attribute.
- Zwischen gleichrangigen Attributen steht ein Komma. Ob sie gleichrangig sind, erkennen wir, indem wir sie vertauschen oder ein »und« dazwischen positionieren.
- Geht nach Anwendung dieser Regel der Sinn verloren, darf zwischen den Attributen kein Komma stehen:
  Es war ein ***warmer erster*** *Januar.* → sinnvoll
  Es war ein ***erster warmer*** *Januar.* → unsinnig
  Es war ein ***warmer und erster*** *Januar* → noch unsinniger
- In Präsentationen betrachten wir die Aufzählungspunkte entweder als ganzen Satz (mit Kommas und Punkt) oder als »frei schwebende« Elemente (ohne Kommas, ohne Punkt).

1.9 Nachgestellt und eingeschoben

Eine Parenthese diagnostiziert nicht etwa die Zahnärztin, wenn es schlecht um den Zahnhalteapparat ihres Patienten steht, sondern ein Sprachkritiker, der einen Schaltsatz entdeckt hat: »Aha, hierbei handelt es sich eindeutig um eine Parenthese. Eine schlimme Sache!« Parenthesen sind bei Stilisten nicht sonderlich beliebt, da sie aufgrund ihres unterbrechenden Charakters das Leseverständnis erschweren können und allzu oft überflüssige Informationen enthalten, die wir aber trotzdem gern vermittelt wissen wollen.

Parenthese: Ich bin, *das möchte ich hiermit betonen,* erschüttert.

Dieser Satz im Satz vermittelt keinen Mehrwert, denn die Essenz lautet: *Ich bin erschüttert.* Dass hier eine Emotion betont wird, scheint unabhängig von der Parenthese eindeutig. Allein schon wegen des kraftvollen Verbs »erschüttern«, das die Emotion transportiert. Und dennoch erfreut sich dieses Stilmittel großer Beliebtheit. Die Frage ist nur, wieso wir so gern Sätze in Sätze verfrachten. Vielleicht, um die Seiten zu füllen? Oder weil es manchmal schwierig ist, sich auf das Wesentliche zu konzentrieren? Vielleicht aber auch, weil wir uns von einem Gedanken nur schwer trennen können. Er könnte ja wichtig sein! An dieser Stelle sei eine Lanze für all diejenigen gebrochen, die gelegentlich Gedanken und Ergänzungen einschieben, denn so schlimm ist es auch wieder nicht, solange es sich in Grenzen hält.

Hervorgehoben wird ein Einschub zumeist mit paarigem Komma, das heißt mit einem Paar (zwei) Kommas; genauso in Frage kommen zwei Gedankenstriche oder Klammern. Tut mir leid, falls du mehr hinter der »Paarigkeit« erwartet hast und dich diese simple Erklärung ernüchtert. Sprachwissenschaftler sind nun einmal dafür bekannt, einfache Sachverhalte möglichst kompliziert auszudrücken, weil dadurch das Gefühl entsteht, vom gemeinen Volk gebraucht zu werden. Logisch, oder?

Stellen wir das doch unter Beweis und kommen auf einen weiteren wichtigen Begriff zu sprechen: die Apposition. Das Wort ist lateinisch und bedeutet in etwa »Zusatz«. Die *Apposition* wäre problemlos zu identifizieren, gäbe es da nicht auch noch die *nachgestellte Erläuterung*, die, obwohl sie mit dem Attribut »nachgestellt« beworben wird, gut und gerne mitten im Satz stehen darf. Die Apposition wiederum, zwar meist eingeschoben dargestellt, darf auch am Satzende stehen. Kaum verwirrend, ich weiß. Es schreit nach einer Verfahrensanweisung.

Apposition oder nachgestellte Erläuterung?
Die Apposition bezieht sich auf ein Substantiv und ergänzt es in Form einer nachträglichen Substantivgruppe um eine Information. Dabei steht die Substantivgruppe im selben Fall wie ihr vorangehendes Substantiv. Überdies hilft uns ein wichtiges Merkmal, sie von der Parenthese abzugrenzen: Sie enthält kein Verb![U] Das ist bisher recht theoretisch, darum folgen jetzt drei Beispiele:

Kaiser Wilhelm II., ***Sohn von Kaiser Friedrich III.,*** *bestieg im geschichtsträchtigen Dreikaiserjahr den Thron.*
Unsere Nachbarn, ***zwei trampelnde Störenfriede,*** *bitten quasi nonverbal darum, ein Exempel an ihnen zu statuieren.*
Italiens Bruttoinlandsprodukt ist größer als jenes von Russland, ***dem flächenmäßig größten Land der Erde.***

[U] Allerdings können Appositionen Partizipien wie »spielend« enthalten, die innerhalb der Substantivgruppe den Charakter eines Adjektivs haben.

Sämtliche dieser Ergänzungen könnten wir streichen, ohne dabei den Sinn des Hauptsatzes zu verändern. Das gilt aber genauso für die Parenthese sowie die nachgestellte Erläuterung, weshalb es nicht als unterscheidendes Merkmal dient. Viel interessanter aber ist: Manchmal kann ein einziges fehlendes Komma eine Apposition in ein zusätzliches Glied einer Aufzählung verwandeln und dabei jemandes Vaterschaft leugnen. Das glaubst du mir nicht?

Aufzählung mit Apposition:
Mit dabei waren Siegfried, Werner, Peter, ***mein Vater,*** *und Michael.*
Aufzählung ohne Apposition:
Mit dabei waren Siegfried, Werner, Peter, ***mein Vater*** *und Michael.*

Das Komma entscheidet darüber, wer mein Vater ist. In der ersten Version ist es eindeutig Peter, in der zweiten bleibt seine Identität unbekannt. Wer hätte sich träumen lassen, dass der Einfluss von Satzzeichen bis in die Biologie reicht. Und nachdem wir das verdaut haben, konzentrieren wir uns wieder und werfen einen Blick auf den Konkurrenten der Apposition.

Mit der *nachgestellten Erläuterung* stellt man etwas, aber nicht jemandem nach und erfüllt somit keinen Straftatbestand. Im Gegensatz zur Apposition wird die nachgestellte Erläuterung meist floskelhaft eingeleitet, was uns ihre Identifikation erleichtert. In Frage kommen *und zwar, nämlich, wie, also, das ist/sind, das heißt, insbesondere, genauer (gesagt), besonders, allerdings, vor allem/allen, darunter, zum Beispiel, meist, sprich, will/soll heißen, allem/allen voran, immerhin* und einige mehr. Wie erwähnt kann die nachgestellte Erläuterung sowohl in der Satzmitte als auch am Satzende stehen; sie bezieht sich jedoch meist auf den ganzen vorherigen Satzteil und nicht nur auf ein einziges Bezugswort wie die Apposition:

Jutta fürchtet sich so sehr vor Spinnen, ***besonders vor den behaarten,*** *dass sie beim Anblick derselben direkt in Ohnmacht fällt.*
Elefanten berauschen sich gelegentlich, ***nämlich am Alkohol gärender Früchte,*** *und pöbeln danach die Giraffen an.*
In der Luft lag ein verführerischer süßlicher Duft, ***und zwar der von frisch gebrannten Mandeln.***

Wie das zweite Beispiel deutlich macht, muss vor »und« ein Komma stehen, falls der Hauptsatz von der nachgestellten Erläuterung lediglich unterbrochen und anschließend wieder aufgenommen wird. Das gilt im Übrigen für jeden Einschub, der vor »und« beziehungsweise »oder« endet.

Gleichwohl die besagten Einleitungsfloskeln gute Indizien für eine nachgestellte Erläuterung sind, ist auf sie nicht immer Verlass. Denn manchmal beginnt die nachgestellte Erläuterung ohne eine solche Floskel; trotzdem können wir sie meistens gedanklich hinzufügen:

Inge geht am liebsten freitags zum Friseur, ***(präziser gesagt) meist zwischen 9 und 10 Uhr.***
Karl Karlson, ***ledig und kinderlos,*** *vermacht sein Vermögen seiner Brieffreundin Carla Carlita,* ***hocherfreut über die großzügige Geste.***[V]
Frisch gerösteter Kaffee erfreut sich schon seit langem großer Beliebtheit, ***(und zwar) aus gutem Grund.***
Aber: *Aus gutem Grund erfreut sich frisch gerösteter Kaffee schon seit langem großer Beliebtheit.*

[V] Streng genommen handelt es sich bei diesen Nachträgen nicht um nachgestellte Erläuterungen, sondern um nachgestellte Attribute bzw. Adjektivgruppen. An den Kommaregeln ändert das aber nichts, ich will es nur der Sorgfalt wegen erwähnt wissen.

Wandert die Erläuterung an den Satzanfang, dürfen wir sie logischerweise nicht mit einem Komma abtrennen, denn sie ist dann voran- und nicht nachgestellt.

Vorsicht bei substantivischen und verbalen Fügungen

Bei den vorangegangenen Beispielen mussten wir den Einschub mit zwei Kommas vom Rest des Satzes abgrenzen. Doch was, wenn es sich um gar keinen »echten« Einschub handelt, sondern dieser in eine *substantivische* oder *verbale Fügung* eingebettet ist? In solchen Fällen setzen wir nur ein Komma! Mit ein bisschen Geschick erkennen wir diese Fälle, nämlich indem wir herausfinden, worauf sich der unechte Einschub bezieht.

Substantivische Fügungen

Für die Anmeldung gehen Sie bitte zum nächsten, eventuell auch zum übernächsten Schalter.
Ich finde hellblaue, insbesondere ausgewaschene Jeans lässig.
Ihre blonden, genauer gesagt hellblonden Locken wallen im Wind.

Verbale Fügungen

Ich habe ihn nächtelang weinen, das heißt eher wimmern hören.
Wir schwiegen, bis er uns alles berichtet, also sich alles von der Seele gesprochen hatte, und umarmten ihn dann.
Nach seiner Verhaltenstherapie wird er sich seine unflätige Art hoffentlich abgewöhnt, sie zumindest abgemildert haben.

Der zweite Satz unter den verbalen Fügungen ist besonders infam. Erkennst du, wieso? Auf einen flüchtigen Blick sieht es so aus, als wäre die nachgestellte Erläuterung mit zwei Kommas bestückt, doch bei genauerem Hinsehen ist das nicht der Fall. Denn sonst stände das Komma nicht *nach* »hatte«, sondern *davor.* Dieses

Komma vor »und« rührt vielmehr daher, dass dort der Hauptsatz weitergeht. Er lautet: »Wir schwiegen und umarmten ihn dann.«

Ein Nebensatz ist keine nachgestellte Erläuterung

Eine beliebte Einleitungsfloskel ist »das heißt«. Damit hat wohl jeder Deutsche schon eine nachgestellte Erläuterung eingeleitet. Oder einen Nebensatz. Oder beides auf einmal. Augenblick mal, das geht? Gewiss doch, nur verändert sich dadurch die Zeichensetzung. Lass es mich demonstrieren:

Nachgestellte Erläuterung:

Abends, das heißt ab 20 Uhr, wünschen wir keine Anrufe mehr.

Nachgestellte Erläuterung mit Nebensatz:

Abends, das heißt, wenn wir ab 20 Uhr unsere Ruhe genießen wollen, wünschen wir keine Anrufe mehr.

Merke: Beginnt nach »das heißt« ein Nebensatz, wird die Floskel mit zwei Kommas abgegrenzt. Handelt es sich indes um eine reine nachgestellte Erläuterung, genügt ein Komma. Wie soll man sich das merken? Ganz simpel: Du achtest auf Konjunktionen und Prädikate (in diesem Fall »wenn« und »genießen wollen«), und schon erscheint alles glasklar.

Kommas nach freiem Ermessen

Verlassen wir das Terrain der Zwänge, wo jene Gesetze der Einschübe und Zusätze walten, die stets ein Komma fordern, und steuern auf das Tal der Freiheiten zu, wo nach eigenem Gusto interpunktiert werden darf. In einigen Fällen ist es uns freigestellt, ob wir Textpassagen als Einschub geltend machen oder nicht. Die Vergleichspartikel »wie« scheint ein guter Indikator für Freiheit:

Wurzelgemüse(,) wie Pastinake, Rettich, Rote Bete, Sellerie oder Topinambur(,) gilt seit der Steinzeit als Grundnahrungsmittel.
Es enthält viele wertvolle Vitamine, Ballaststoffe und Spurenelemente(,) wie Kalzium, Phosphor, Natrium, Magnesium und Kalzium.[16]

Meist ebenso in freiem Ermessen liegen Nachstellungen, die mit einer Präposition beginnen. Man spricht hierbei auch von Präpositionalgruppen:

Der Preis dafür, die »Sansibar« auf Sylt für einen Abend zu mieten, beträgt(,) einschließlich Getränken und Essen(,) 150.000 Euro.
Alle Gäste(,) bis auf zwei Ausnahmen(,) verbrachten ein schönes Wochenende auf Sylt.

Aus Sicht der Zeichensetzung scheint die Sache eindeutig, aber wie sieht es durch die Brille des Stilisten aus? Dieser würde raten: Wir sollten es mit den freiwilligen Einschüben nicht übertreiben, weil jedes Mal kurze Pausen entstehen, die den Sprech- oder Lesefluss beeinträchtigen. Was gelegentlich für Abwechslung sorgt, entwickelt sich bei übermäßigem Gebrauch zum Ärgernis.

Ein kleiner Vorgeschmack auf den zweiten Teil

Jetzt habe ich quasi ungewollt vorgegriffen, indem ich dieses Kapitel mit einigen Spezialfällen der Zeichensetzung beladen habe, die dir ursprünglich erst im zweiten Teil präsentiert werden sollten. Aber es war nichts zu machen, sie gehören inhaltlich nun mal hierher, um dir die Einschübe und Zusätze in ihrer schillernden Gänze darzustellen. Sofern du deine Sinne für sie schärfst, gehörst du zweifelsohne zum Kreis erlauchter Interpunkteure[W]. Diese

---

[W] Diesen Begriff werde ich mir markenrechtlich schützen lassen. Aber bis es so weit ist, darfst du dich meines Gedankengutes noch ungeniert bedienen.

hochentwickelten Wesen verstehen sich darin, die vier Einschubarten *Parenthese, Apposition, nachgestellte Erläuterung* und *Nebensatz* voneinander abzugrenzen, vorzugsweise simultan mit dem Kochen, Frisieren, Zähneputzen, Schlafen, Lösen von inhomogenen Differenzialgleichungen, Fallschirmspringen und dem Apnoetauchen. Und als ein solches Wesen hast du längst bemerkt, dass die vorangegangene Aufzählung eine nachgestellte Erläuterung par excellence war, über deren stilistischen Wert sich freilich[X] streiten lässt. Aber diese Anmerkung sei nur »in Parenthese« erwähnt.

[X] Das Adverb »freilich« benutzen wahre Sprachkönner nicht nur als Zeichen der Zustimmung im süddeutschen Raum, sondern freilich auch im Sinne von »jedoch« oder »allerdings«.

Zusammenfassung

- Die Parenthese ist ein Schaltsatz, den wir immer eingeschoben darstellen: *Heute, das steht fest, trinke ich keinen Tropfen!*
- Die Apposition bezieht sich auf ein Substantiv und ergänzt es um eine Information: *Inge, diesjährige Schützenkönigin, trinkt niemals, sondern schießt lieber.*
- Die nachgestellte Erläuterung bezieht sich entweder auf ein Substantiv oder einen Satzteil. Sie beginnt meistens mit Floskeln wie »besonders« oder »das heißt«: *Walter trinkt am liebsten Bier, besonders Münchner Helles.*
- Der Nebensatz ordnet sich dem Hauptsatz unter und kann als Einschub dargestellt werden: *Ina verstand nicht, was die Leute am Schützenfest finden, und verschwand.*
- Manchmal vereinen sich Nebensatz und nachgestellte Erläuterung. Dann wird ein zweites Komma nötig: *Morgens, das heißt, wenn ich verkatert bin, bereue ich das nächtliche Gelage.*
- Vorsicht bei substantivischen und verbalen Fügungen! Hier ist trotz Einschub nur ein Komma zu setzen: *Walter trug eine grüne, genauer gesagt olivgrüne Schützentracht.*
- Wenn wir einen Einschub mit »wie« einleiten, steht uns die Kommasetzung frei. *Ballaststoffreiche Lebensmittel(,) wie Haferflocken, Linsen oder Bohnen(,) fördern die Verdauung.*

Teil 2:

»Komma klar« mit den Spezialfällen!

So, da wären wir: im Terrain der Spezialfälle. Um sie ausfindig zu machen, müssen wir abseits gewohnter Pfade suchen. »Wozu die Mühe?«, magst du denken. Weil du und ich nach Perfektion streben! Ursprünglich wollte ich hier sogar damit prahlen, dass du, nachdem du die ersten beiden Teile dieses Buchs verinnerlicht hast, eine Kommagenauigkeit von 100 % erzielst. Doch das klang selbst im Gehör eines tendenziell überheblichen Menschen nach zu groß gespuckten Tönen; also korrigierte ich die Angabe auf 99 %. Das klingt wesentlich bescheidener, oder?

Aber genug der geschwollenen Ankündigung, lassen wir lieber Taten sprechen. Begib dich in deine Wanderschuhe und folge mir. Ich führe dich durch dichtes Gestrüpp, über treibsandartigen Boden und entlang steiler Abhänge. Nichts wird wie vorher sein, wenn wir angekommen sind. Aber das ist ohnehin irrelevant, denn von hier gibt es kein Zurück mehr.

2.1 Attribute und gefühlte Kommas

Von Beginn an habe ich mit offenen Karten gespielt, dass sich dieses Buch nicht nur um die Zeichensetzung dreht. Nein, die Stilistik soll und darf keineswegs zu kurz kommen. Und da draußen grassiert eine Unsitte, die gleich beides beeinträchtigt, nämlich sowohl unseren Stil verdirbt als auch die Gefahr für Kommafehler drastisch erhöht: Es ist die Angewohnheit, unsäglich viele Wörter an den Satzanfang zu stellen!

Das *vorangestellte Attribut* ist eine der häufigsten Ursachen für »gefühlte« Kommas. Du weißt doch sicher, wovon die Rede ist. Wir fühlen Kommas immer dann, wenn wir gerade keine passende Regel im Kopf haben und uns denken: »Och joa, hier klingt das Komma ganz sinnvoll.« Die scheinbar geeignete Position leiten wir von der Satztonalität ab, die sich beim lauten Aussprechen ergibt. Das wirkt in etwa so, als klopften wir auf die Holzstützen eines Untertagebaus, um so auf die Tragfähigkeit zu schließen. Wo sie morsch erschienen, würden wir zur Stabilisation ein paar Nägel hinein hämmern. Fertig! In diesem Gleichnis stehen die vorangestellten Attribute für die morschen, nicht tragfähigen Stellen in der Satzkonstruktion. Sie bringen uns in das Dilemma, dass wir sie mit Kommas zu »stabilisieren« versuchen, obwohl ein Austausch von Wörtern oder gleich der komplette Satzabriss die bessere Wahl wäre. Was folgt daraus? Sowohl der Untertagebau als auch der Satz stürzen irgendwann in sich zusammen.

Dieser deutsche Satzbau steht für Sicherheit und Kompetenz!

Was ist ein Attribut?

Attribute benutzen wir ständig. Dabei handelt es sich um Ergänzungen zu einem Bezugswort. In der Kombination »ein bunter Schmetterling« ist »bunter« das Attribut und beschreibt sein Bezugswort »Schmetterling« näher. Doch das Attribut muss nicht zwingend ein Adjektiv sein, genauso kommen Partizipien, Zahlwörter, Pronomen oder Adverbien in Frage. Auch steht das Attribut nicht immer vor seinem Bezugswort, das Genitivattribut und die Apposition[A] finden wir stets dahinter:

Genitivattribut: Der Kanarienvogel *meiner Großmutter* zwitschert seit kurzem nicht mehr.

[A] Nicht jedes Attribut ist eine Apposition, aber jede Apposition ein Attribut.

Das untrügliche Zeichen eines Attributs ist, dass es seinem Bezugswort nicht von der Seite weicht! Soll heißen: Es wandert bei jeder Satzumstellung mit.

1. Umstellung: Zwitschert der Kanarienvogel *meiner Großmutter* seit kurzem nicht mehr?
2. Umstellung: Seit kurzem zwitschert der Kanarienvogel *meiner Großmutter* nicht mehr.

Worin liegt die Gefahr des vorangestellten Attributs?
Wir benötigen ein plakatives Beispiel für einen unhandlichen Satz, um sie zu verdeutlichen. Sollen wir haben:

Der scheinbar über beide Ohren in die aus gut situiertem Elternhaus stammende Erna Kratzbürste verliebte Josef Schroffnatur zog heute kurzerhand seinen Heiratsantrag zurück und teilte diesen Entscheid unmittelbar danach der Presse mit.

Wie viele Kommas habe ich in diesem Ungetüm vergessen? Zwei? Drei? Wo fühlst du sie? Ich möchte wetten, dir hat es gewaltig in den Fingern gejuckt, irgendwo ein Satzzeichen zu positionieren. Wie wäre es vor »zog«? Genau an dieser Stelle endet das vorangestellte Attribut samt seinem Bezugswort »Joseph Schroffnatur«. Und wie es diese perfiden Beifügungen so an sich haben, senken wir an ihrem Ende plötzlich die Stimme – vermutlich aufgrund Luftmangels –, was uns schließlich zum Komma verleitet. Aber das ist Unsinn. Bis zu dem Verb »zog« ist ja noch überhaupt nichts passiert. Wir wissen rein gar nichts über das Geschehen, stattdessen erhalten wir eine ausführliche Charakterbeschreibung über Frau Kratzbürste und die scheinbare Verliebtheit ihres Fastgatten.

Wir können darüber streiten, ob diese Details verzichtbar sind, jedoch weniger darüber, dass dieser Stil sperrig und unübersichtlich wirkt. Wie lässt sich dieses Problem beheben? Tja, sofern der Autor dieses Konvolut an Attributen nicht missen will, könnte er den Satz zumindest in mehrere Sätze aufdröseln:

Joseph Schroffnatur war scheinbar über beide Ohren in Erna Kratzbürste verliebt. Sie stammt aus gut situiertem Elternhaus. Doch heute zog er kurzerhand seinen Heiratsantrag zurück; diesen Entscheid teilte er auch der Presse mit.

Diese Konstruktion böte zusätzlich den charmanten Vorteil, dass die Leser schneller wissen, was man ihnen mitteilen will. Und da ich selbst Leser bin, weiß ich, wie ich erfreulich das ist.

Und über was freuen wir uns noch? Wenn Autoren Abstand vom Nominalstil nehmen. Vielleicht kannst du den Begriff noch nicht zuordnen, aber ich bin mir sicher, dass du diesen Stil kennst. Gemeint ist die Angewohnheit, Verben und Adjektive zu nominalisieren, das heißt sie großzuschreiben und ihnen unnötige Hauptrollen zuzuweisen:

Zur Förderung der Durchblutung, zum Anregen des Stoffwechsels und zur Erweiterung der Gefäße empfehlen Ärzte regelmäßiges Baden. Das kann zu einer nachhaltigen Senkung des Blutdrucks führen.

Warum machen Autoren das? Achtung, steile These: Weil der Text dadurch wichtiger erscheint. Denn was großgeschrieben steht, sticht ins Auge. Und je mehr ins Auge sticht, desto »mächtiger« wirkt der gesamte Text.

Akademiker und Beamte[B] sind hierbei eine besonders gefährdete Spezies, und davon nehme ich mich keineswegs aus. Gelegentlich werfe ich auch heute noch einen Blick in meine wissenschaftlichen Arbeiten, du weißt schon, nur um zu schauen, was ich damals so fabrizierte. Erfüllen sie mich mit Stolz? Inhaltlich schon. Bin ich ein Fan des Stils? Bestimmt nicht! Die Arbeiten lesen sich, als wollte jemand ein Thema wichtiger erscheinen lassen, als es ist. Das wiederum führte zu teils geschwollenen, langatmigen Sätzen, die das Risiko eines Kommafehlers steigen ließen. Und wie mich meine Tätigkeit als Hobbylektor, der ich seit meinem Studium bin, gelehrt hat, begünstigt der Nominalstil, dass wir mehr Kommas als nötig setzen. Das ist nur logisch, denn ebenso wie das vorangestellte Attribut kann uns der Nominalstil verunsichern. Was also tun? Richtig, wir lassen besser Verben Verben und Substantive Substantive sein. Das senkt nicht nur die Gefahr fehlplatzierter Kommas, sondern auch den Blutdruck der Leser. Obendrein macht es die Sätze dynamischer:

Ärzte empfehlen uns, regelmäßig zu baden. Das fördert die Durchblutung, regt den Stoffwechsel an und erweitert die Gefäße. So können wir nachhaltig unseren Blutdruck senken.

Ob das nun geschmeidiger klingt oder nicht, das musst du selbst entscheiden. Als kleines Experiment kannst du dir ja mal eine beliebige wissenschaftliche Arbeit vornehmen und dich auf die Suche nach vorangestellten Attributen und Nominalisierungen bege-

---

[B] Das kennt man doch: Man erhält einen behördlichen Brief, liest ihn gefühlt 20-mal, kommt sich beim Lesen wie ein Vollidiot vor und weiß anschließend nur bedingt, was die Damen und Herren der Behörde von einem wollen. Und wenn sprachlich einigermaßen Begabte schon so fühlen, wie ergeht es dann erst Sprachneulingen?

ben. Als Nächstes fragst du dich, ob es sich wirklich um eine stabile Satzstruktur handelt, wie viele unnötige Nägel in den morschen Holzstützen stecken und wie stark der Stollen vom Einsturz gefährdet ist. Ist Gefahr in Verzug? Abriss und Neuaufbau!

Zusammenfassung

- Attribute ergänzen ihr Bezugswort um eine Information. Sie können vor oder hinter dem Bezugswort stehen:
  die ***grüne*** *Regenjacke* → davor
  die Regenjacke ***meiner Schwester*** → danach
- Vorangestellte Attribute sind gefährlich! Sie verkomplizieren den Satz und verleiten uns zu falschen Kommas: ***Der wegen seiner Entlassung überaus verstimmte*** *Rob Robson verklagte seinen Arbeitgeber auf Schadensersatz.*
- Wir vermeiden vorangestellte Attribute, indem wir den Satz umstellen: *Rob Robson war verstimmt wegen seiner Entlassung, daher verklagte er seinen Arbeitgeber auf Schadensersatz.*
- Der Nominalstil ist eine lästige Angewohnheit: *Auslöser für die Entscheidung zum Atomausstieg war der GAU in Fukushima.*
- Wir können Nominalisierungen vermeiden, indem wir die Energie in die Verben umleiten: *Aufgrund des GAUs in Fukushima entschied man sich zum Atomausstieg.*

2.2 Hauptsache, du fährst geradeaus!

Vor etlichen Jahren befand ich mich mit Christopher und meinem Cousin Michael auf dem Weg zu einer Celler Diskothek, die wir auf den Namen »Strahler« tauften. Dieses Pseudonym wurde ihr zuteil, weil uns ihre grellen Scheinwerfer aus der Ferne anlockten, als wären wir drei partygeile Nachtfalter gewesen. Zum Licht beförderte uns an jenem Abend ein sympathischer Taxifahrer, etwa Anfang fünfzig, der uns mit detaillierten Erzählungen über seine Romanzen erheiterte, die er angeblich in unserem Alter so zahlreich gehabt hatte. Allem Anschein nach hatte ihn die Damenwelt damals nicht zweimal um ein kleines »Tänzchen« bitten müssen.

Während er mit seiner E-Klasse innerorts die zulässige Geschwindigkeit um vierzig Stundenkilometer überschritt, gestikulierte er lebhaft. Offenbar kam bei seiner leidenschaftlichen Erzählung einiges hoch, denn der gute Mann fuhr selbst für einen Taxifahrer recht abenteuerlich. Christopher, der das Abenteuer vom Beifahrersitz miterleben durfte, wurde der Fahrstil irgendwann zu eigenwillig. Deshalb kommentierte er die Womanizer-Storys mit: »Hauptsache, du fährst geradeaus!« Darauf erwiderte der Taxifahrer lakonisch: »Alles im Griff!« Aha, dachten wir, genau wie bei seinen Romanzen.

Des Jugendschutzes wegen musste ich die Erzählung etwas raffen. Das ist aber nicht weiter bedauerlich, denn das Wesentliche lieferte uns Christopher mit seinem elliptischen Hauptsatz. Nämlich: »Hauptsache, du fährst geradeaus!« Solche Sätze nutzen wir gelegentlich und tappen dabei immer wieder in die Kommafalle. Das Fiese: An dieser Stelle können wir leider nicht die Prädikate-Regel anwenden, da der Hauptsatz aus nur einem einzigen Substantiv besteht. Wir können uns den Rest des Satzes aber denken. In Lang lautet er: »*Die Hauptsache ist*, du fährst geradeaus!« Zack, da haben wir sie wieder, die zwei Prädikate. Damit steht fest, dass auch die Kurzversion, die allerdings als umgangssprachlich gilt, ein Komma verlangt.

Und es gibt weitere Beispiele für Auslassungssätze, die interpunktiert werden wollen. Unmöglich, sie alle aufzuzählen. Aber hier eine Auswahl, die dich in Alarmbereitschaft versetzen sollte:

Erstaunlich, *was der Taxifahrer alles erlebt hat.*
Sein Fahrstil war lebensbedrohlich, ***so Christopher.***
Ein Glück, *dass er uns unversehrt zum »Strahler« brachte.*
Übrigens, *wir gaben ihm trotzdem ein Trinkgeld.*
Großzügig, *nicht?*
Keine Ursache, *so gehört sich das!*
Mir gehen die Beispiele aus, ***unglaublich.***
Akklamation, *wir sind für heute durch!*

Jedoch scheinen nicht nur fehlende Prädikate in Sachen Zeichensetzung riskant, kurze Sätze ebenso. Das Risiko steigt, sobald wir darüber schreiben, was wir glauben, denken, hoffen oder uns wünschen. Ich *glaube,* du weißt, was ich meine. Falls nicht, *denke* ich, du wirst dieser Fälle gerade gewahr. Du *hoffst,* dass ich endlich Klartext rede? Ach, ich *wünschte,* es besäßen mehr Menschen deine Wissbegierde!

Sätze dieser Art bereiten uns bisweilen Schwierigkeiten. Nicht unbedingt, weil wir die Kommaregel dahinter nicht erkennen, vielmehr begünstigt die Hast Fehler. Zwei- oder Dreiwortsätze schreiben sich hastig daher, und ehe wir uns versehen, bleibt dabei ein Komma auf der Strecke. Überhaupt schreiben wir in digitalen Zeiten ja immer kürzer, weil effizienter. Ich möchte dieses kurze Kapitel darum mit einem tiefschürfenden Gespräch beenden, das ich auf diese oder ähnliche Art regelmäßig im Strahler führte. Das

Licht lockte die Nachtfalter nämlich gleich mehrmals im Jahr an. Haben sie wenigstens auf die korrekte Zeichensetzung geachtet?

»Moin Julian, lange nicht gesehen!«
»Ach, guck an. Was geht?«
»Läuft alles! Und bei dir? Hoffe, auch?«
»Na, sicher! Alles fit.«
»Traum, das hört man gern.«
»Übrigens, müssen uns mal wieder treffen.«
»Klar, gerne!«
»Noch die alte Nummer?«
»Nee, neue. Bin mit dem Handy ins Meer[c]*.«*
»Hör auf!«
»Kein Witz, war voll.«
»Uncool! Sag mal deine neue Nummer an, klingele dann durch.«
(Sagt seine neue Nummer an.)
»Danke.«
»Auf den Dancefloor?«
»Klar, Digga.«
»Top, sind auch gerade ›Gute‹ am Start.«
»Dann Attacke!«

---

[c] Zu damaliger Zeit waren die Handys noch nicht wasserdicht, geschweige denn waren sie smart.

Zusammenfassung

- In verkürzten Hauptsätzen fehlt das Verb, wodurch manchmal ein Komma auf der Strecke bleibt.
- Wir identifizieren verkürzte Hauptsätze, indem wir uns die fehlenden Wörter hinzudenken:
  Hauptsache, du bleibst gesund!
  (Die) Hauptsache (ist), du bleibst gesund.
- Ähnlich riskant sind kurze Hauptsätze, die Gedanken, Hoffnungen oder Wünsche einleiten:
  Ich denke, Kommas sind wichtig.
  Du hoffst, keine Kommafehler mehr zu machen.
  Wir alle wünschten, die deutsche Sprache wäre einfacher.

2.3 Konjunktionen im Doppel

Dass Konjunktionen Hinweisschildern gleichen, die uns an die Zeichensetzung erinnern, darüber sprachen wir ja bereits. Leider aber treten sie gelegentlich zu mehreren hintereinander auf und verunsichern uns mit ihrer verdichteten Präsenz. Positionieren wir zwischen mehreren Konjunktionen ein Komma? Müssen wir vor »weil« ein Komma setzen, wenn davor ein »und« steht? Und grenzen wir »dass« in jedem Fall mit einem Komma ab? Ich verrate mal so viel: Wir werden spektakuläre Erkenntnisse gewinnen!

Der König und seine Vasallen

Du erinnerst dich noch an die Gleichrangigkeit und die Unterordnung? An den treuen Vasallen, der seinem König dient? Wusste ich's doch! Auf dieses Basiswissen aus dem ersten Teil des Buches greifen wir nun zurück. Unser Blick fällt dabei auf die Nebensätze, die dem Hauptsatz untergeordnet sind. Enthält das Satzgefüge lediglich einen Nebensatz, so kann bereits dieser von zwei Konjunktionen eingeleitet werden:

Tina führt sich auf, ***als ob*** *ihr die Welt gehören würde.*
Ohne dass *er gefragt hatte, gab ihm seine Mutter einen Rat.*
Geburtstage betrüben mich, ***außer wenn*** *Bier im Spiel ist.*
Inka war zu beschwipst, ***als dass*** *sie hätte ernst bleiben können.*
Anstatt dass *Manfred liest, fährt er lieber mit seiner Harley.*
Sie will keine Ausreden hören, ***sondern dass*** *er pünktlich ist.*

Inmitten dieses Doppelpacks steht kein Komma, denn es muss eine Doppelfunktion erfüllen, die von einem Komma eindeutig gestört würde. Das merken wir auch an der Aussprache der Sätze, die mit einem zusätzlichen Komma holpriger ausfallen würde.

Nun waren das einfache Satzgefüge. Was, wenn weitere Nebensätze hinzukommen? Wird es dann kniffliger? Keineswegs, solange wir die Sätze als solche erkennen. Ein Beispiel aus der Zoologie soll uns das demonstrieren:

Paul Rosolie ließ sich von einer Anakonda verschlingen, ***weil*** *er die Abholzung des Regenwaldes satthatte* ***und weil*** *es eine Aktion brauchte,* ***um*** *darauf aufmerksam zu machen.*[17]

Wer dient hier wem? Ganz offensichtlich Paul Rosolie der Anakonda, und zwar als Köder. Aber darauf wollte ich nicht hinaus. Sagen wollte ich: Wir haben es hier mit einem Hauptsatz und drei Nebensätzen zu tun, also einem König und seinen drei Vasallen. Der König geht voran, ihm folgen zwei Vasallen mit dem gleichen Rang, denen wiederum folgt ein dritter, rangniederer Vasall. Der dritte Vasall »um darauf aufmerksam zu machen« hängt von den vorherigen beiden ab; sozusagen dient er ihnen direkt, dem König hingegen nur indirekt.

Der König und sein rangniederes Gefolge.

Der Blick auf die Rangordnung macht deutlich, dass die beiden ranggleichen Nebensätze mit der Doppelkonjunktion »und weil«

verbunden sind, zwischen denen kein Komma stehen darf. Im Grunde könnten wir ja auf das zweite »weil« verzichten, weil es eine Wiederholung ist. Und spätestens jetzt würde niemand mehr die Meinung vertreten, dort fehle ein Komma.

Im Übrigen ändert sich daran nichts, wenn wir das Satzgefüge nach den Regeln der Sprachkunst umschreiben. Hier gehen die drei Vasallen voran, der König folgt:

Weil *er die Abholzung des Regenwaldes satthatte* ***und (weil)*** *es eine Aktion brauchte,* ***um*** *darauf aufmerksam zu machen, ließ sich Paul Rosolie von einer Anakonda verschlingen.*

Du hast es sicher längst bemerkt: Wenn wir längere Sätze in ihre Bestandteile zerlegen, treffen wir auch die richtige Kommawahl! Der Doppelpack »und weil« steht stellvertretend für »und da«, »und ob«, »und dass« sowie ähnliche Fügungen.

Allerdings muss der Doppelpack nicht allein aus Konjunktionen bestehen, ebenso können sich andere Wortarten dazugesellen. Präpositionen, Adverbien, Partikeln oder Adjektive. Es entsteht ein gemischtes Doppel, wenn du so willst. Und das ermöglicht uns verschiedene Satzbaumanöver, die logischerweise Einfluss auf die Zeichensetzung haben. Das Beruhigende: Oft haben wir die freie Wahl, wie wir das Team aufstellen. Lass uns das anhand des Doppels »nämlich dass« durchspielen.

Paul Rosolie steht zu seiner Meinung, ***nämlich(,) dass*** *wir die Abholzung des Regenwaldes stoppen müssen.*
Paul Rosolie steht ***nämlich*** *zu seiner Meinung,* ***dass*** *wir die Abholzung des Regenwaldes stoppen müssen.*

Im oberen Satzgefüge ist »nämlich« Bestandteil des Nebensatzes, im zweiten Bestandteil des Hauptsatzes. Ändert sich durch diese Spielart die Aussage? Durchaus. In der ersten Version bezieht sich »nämlich« auf »Meinung« und könnte mit »und zwar« umschrieben werden. In der zweiten hingegen scheint es sich auf eine zuvor getroffene Aussage zu beziehen. Sie könnte lauten:

Aber natürlich kannst du dich auf ihn verlassen! Paul Rosolie steht nämlich zu seiner Meinung …

Und was, wenn ein Tripel antritt? Auch hier gilt es zu überlegen, welches Stellungsspiel wir mit den drei Wörtern bevorzugen. Das Team »aber nur wenn« verdeutlicht uns das. Aufschlag:

*Ich spiele Tennis mit dir, **aber nur(,) wenn** du mich gewinnen lässt.*
*Ich spiele **aber nur** Tennis mit dir, **wenn** du mich gewinnen lässt.*

Ändert sich hier der Sinn? Nein, er bleibt erhalten. In beiden Fällen spiele ich nur unter der Prämisse Tennis mit dir, dass du mich gewinnen lässt. Manche Tripel erscheinen auf den ersten Blick nicht wie eine Einheit, doch sie sind es. Hier zwei weitere Beispiele:

*Cora hat sich einen Hund zugelegt, **wenige Wochen(,) nachdem** sie es angekündigt hatte.*
*Das Flugzeug stürzte ab, **zehn Minuten(,) nachdem** es abgehoben war.*

Und es gibt weitere Tripel, teils sogar Quadrupel[D]. Stehen vor einer Konjunktion mehr als zwei Einleitewörter, so empfiehlt der Duden ein zusätzliches Komma. Die Begründung: Der Haufen werde

---

[D] Gemeint sind *vier* Wörter, nicht das niederländische Starkbier.

nicht mehr als Einheit empfunden. Das betrifft vor allem die Fügungen »gesetzt den Fall(,) dass« und »für den Fall(,) dass«.[18] Freigestellt ist das Komma allerdings auch da, denn wie das Team aufgestellt wird, entscheidet immer noch der Trainer!

Werfen wir zum Abschluss noch rasch einen Blick auf eigenartige Einleitewörter, die uns regelmäßig stutzig machen. Beispielsweise »beispielsweise«. Ob ein Komma davorsteht, hängt mal wieder vom Satzbau ab: Steht das Adverb mitten im Satz, verlangt es kein Komma. Leitet es indes eine nachgestellte Erläuterung oder einen ganzen Satz ein, ändert sich die Sache:

*Meine Freundin Carla **beispielsweise** erzieht ihre Tochter, ohne sie übertrieben zu loben.*
*Übertriebenes Lob, **beispielsweise** ein »Gut gemacht!« bei jeder Kleinigkeit, erzeugt bei Kindern eine Abhängigkeit.*

Ja, wir können unsere Kinder zu Lob-Junkies erziehen. Doch ich will hier nicht den Pädagogen heraushängen lassen, sondern lediglich ein bisschen den Andragogen[E]. Viel interessanter aber ist die Frage, wie sich das Wort »beziehungsweise« in Sachen Zeichensetzung verhält. Genauso wie »beispielsweise«? Fast. Sagen wir es so: Die Bindungsenergie von »beziehungsweise« ist stärker, weshalb wir nahezu immer auf das Komma verzichten können. Aber wir dürfen es setzen, wenn wir wollen. Zum Beispiel hier:

*Nächstes Wochenende fliege ich nach Ibiza(,) **beziehungsweise** der Pilot wird fliegen, ich werde nur Co-Pilot sein.*

[E] Andragogen sind für Erwachsene das, was Pädagogen für Kinder sind.

Stattdessen könnten wir auch »besser gesagt«, »genauer gesagt« oder »respektive« nutzen; diese Versionen verhalten sich in Bezug auf die Kommasetzung äquivalent zu »beziehungsweise«. Vorsicht jedoch bei der Konjunktion »vielmehr«, da ihre Bindungsenergie schwächer ist und sie daher immer die Unterstützung eines Kommas benötigt:

Der DJ hat uns nicht nur nach Ibiza begleitet, ***vielmehr*** *hat er unseren Bootsausflug musikalisch untermalt.*

Dann existieren noch Wörter, zwischen denen es ganz besonders knistert. Und das verdient *insofern* Erwähnung, *als* wir diese Zweisamkeit nicht stören sollten. Zu codiert? Gemeint ist Folgendes:

Falsch: *Die beiden Wörter sind* ***insofern*** *eigenwillig,* ***dass*** *sie auf ihre Zweisamkeit pochen.*

Falsch: *Die beiden Wörter sind* ***insofern*** *eigenwillig,* ***als dass*** *sie auf ihre Zweisamkeit pochen.*

Richtig: *Die beiden Wörter sind* ***insofern*** *eigenwillig,* ***als*** *sie auf ihre Zweisamkeit pochen.*

Die Konjunktionen »insofern« und »dass« mögen einander nicht, weshalb »insofern« stets nach »als« verlangt. Sofern wir dafür Verständnis aufbringen, belohnen uns die beiden zum Dank mit gutem Deutsch – ein fairer Handel.

Mit diesem Kapitel habe ich dir nicht die leichteste Kost serviert. Konjunktionen im Hinblick auf die Zeichensetzung fehlerfrei zu verwenden, braucht einerseits Übung, andererseits den Willen, die Kommawahl immer wieder zu hinterfragen. Damit dir das besser gelingt, habe ich dir ein Füllhorn von Fügungen inklusive Beispielsätzen zusammengestellt. Mir ist bewusst, dass die Liste bemerkenswert ausführlich ist. Sie soll dir vor allem als Nachschlagewerk dienen. Du brauchst sie also nicht von vorn bis hinten durchzuackern, gleichwohl das sicherlich deine Sinne für Kommafehler schärfen würde. Aber hey: Es ist deine Entscheidung!

Zusammenfassung

- Konjunktionen schließen sich oft mit anderen Konjunktionen und/oder Adverbien zusammen.
- Sie bilden eine Einheit, der meist ein Komma genügt.
- Wie wir die Einheit auf zwei Teilsätze aufteilen, bleibt manchmal uns überlassen:
  *Ich helfe dir, **aber nur wenn** ich bezahlt werde.*
  *Ich helfe dir **aber nur, wenn** ich bezahlt werde.*
- Etliche weitere Beispiele findest du in der folgenden Tabelle.

Fügungen mit *aber*	**Beispiele**
aber auch	Pauline will sich Wohlstand aufbauen, *aber auch* ihre Freizeit genießen.
aber auch weil	Sie schätzt ihn, weil er charmant ist, *aber auch weil* er kein Blatt vor den Mund nimmt.
aber nachdem	Das Geschäft hatte prosperiert, *aber nachdem* zwei Großkunden zur Konkurrenz übergelaufen waren, änderte sich alles.
aber nicht wenn	Wolf leiht uns seinen Mustang, *aber nicht wenn* wir damit den Dicken machen wollen.
aber nur um	Keine Sorge: Man benötigt zwar deine Daten, *aber nur um* dich auszubeuten.
aber nur weil	Ulf feiert zwar Weihnachten, *aber nur weil* es eine nicht optionale Konvention ist.
aber nur wenn	Wir leihen dir gerne Geld, *aber nur wenn* du uns 20 % Zinsen zahlst. Pro Woche!
aber wenn	Anakondas sind scheu, *aber wenn* jemand gefressen werden will, sagen sie nicht Nein.
aber weil	Das war eigentlich deine letzte Chance, *aber weil* ich gnädig bin, erhältst du noch eine.
Fügungen mit *als*	**Beispiele**
aber als	Jan-Philipp wollte sich ja benehmen, *aber als* ihm Björn-Torben das Radiergummi wegnahm, musste er ihm eine schallern.
als ob	Dieser Emporkömmling führt sich auf, *als ob* er vergessen hätte, woher er kommt.
also als	Letzte Woche, *also als* ich noch jung und schön war, war die Welt noch in Ordnung.
erst als	Mir ging es miserabel, *erst als* ich dein Antlitz erblickte, besserte sich mein Befinden.
gerade als	*Gerade als* sie dachte, es gehe nicht mehr, kam von irgendwo …
gleich als	Joachim plagte sein schlechtes Gewissen, *gleich als* er den »Massagesalon« verlassen hatte.
insofern(,) als	Das ist eine knifflige Aufgabe, *insofern(,) als* ich keine Ahnung habe.

	Aber: Das ist *insofern* eine knifflige Aufgabe, *als* ich keine Ahnung habe.
nur als	In seinen Gedanken hatte es total sinnvoll geklungen, *nur als* er es laut aussprach, wirkte es ziemlich doof.
schon als	*Schon als* ich zum ersten Mal von »schnellem Reichtum« hörte, klang es nach Betrug.
Fügungen mit *dass*	**Beispiele**
aber ohne dass	Stell ihm ein Bein, *aber ohne dass* er es merkt!
als dass	Das Leben ist zu kurz, *als dass* wir es allzu ernst nehmen sollten.
angenommen(,) dass	*Angenommen(,) dass* Simone was mit Robin anfinge: Hätte sie deinen Segen?
anstatt dass	*Anstatt dass* ich auf dich höre, höre ich lieber auf mich.
auf dass	Liebe Gertrud, zum Geburtstag alles Gute, *auf dass* du weitere 100 Jahre lebst!
außer dass	Klaus geht es prächtig, *außer dass* sein Leben gerade über ihm zusammenbricht.
besonders(,) dass / insbesondere(,) dass	Der Film war großartig, *besonders(,) dass* er komplett gegendert war, gefiel mir.
für den Fall (,) dass / gesetzt den Fall(,) dass	*Für den Fall(,) dass* er reich wird, hat er sich vorsorglich einen 911 bestellt.
kaum(,) dass	*Kaum(,) dass* ich Autor geworden war, hielt ich mich für Ernest Hemingway.
nicht dass	Geh langsam, Jasper, *nicht dass* du hinfällst!
nur dass	Inge ist nett, *nur dass* sie die Interpunktion für eine fernöstliche Heilmethode hält, stört mich.
ohne dass	*Ohne dass* sie mit mir abgestimmt ist, verlässt keine E-Mail deinen räudigen Account!
sodass / so dass	Deutsch ist Helge zu schwierig, *sodass* er jetzt »Python« lernt.
sondern dass	Vater, ich will nicht wie meine pöbelhaften Mitschüler zu Fuß gehen, *sondern dass* mich jemand in einer Droschke befördert.

und dass	Viel Vergnügen auf der Dienstreise, *und dass* du mich ja anrufst, sobald du im Hotel bist!
und zwar(,) dass	Da wäre nur noch eine winzige Bedingung, *und zwar(,) dass* du uns 25,1 % deiner Firmenanteile überschreibst.
vorausgesetzt(,) dass	Du darfst mich ins Theater begleiten, *vorausgesetzt(,) dass* du nicht einschläfst.
Fügungen mit *nämlich*	**Beispiele**
nämlich(,) als	Sie war mal gelenkiger, *nämlich(,) als* sie noch Ballett tanzte.
nämlich(,) da / nämlich(,) weil	Eine Gehaltserhöhung können Sie vergessen, *nämlich(,) weil* sie pausenlos Böcke schießen.
nämlich(,) damit	Ich musste dich leider anflunkern, *nämlich(,) damit* du keinen Verdacht schöpfst.
nämlich(,) dass	Ihr habt ein Problem, *nämlich(,) dass* eure Bierreserven erschöpft sind.
nämlich(,) um	Ein Brecheisen wäre genau das Richtige, *nämlich(,) um* uns Zutritt zu verschaffen. **Aber:** Ein Brecheisen wäre *nämlich* genau das Richtige, *um* uns Zutritt zu verschaffen.
nämlich(,) wenn	Klar darf dich unsere Tochter auf die Party begleiten, *nämlich(,) wenn* die Hölle zufriert.
Fügungen mit *weil*	**Beispiele**
bloß weil	Eine Person, die sich bei einer anderen antichambriert, *bloß weil* diese ranghöher ist, nennt man auch Arschkriecher.
doch weil	Chantal, Mama wollte dir ein Eis spendieren, *doch weil* du so ein Frechdachs bist, bekommst du jetzt einen fettarmen Joghurt.
genauer gesagt(,) weil	Man hat ihr zu Recht gekündigt, *genauer gesagt(,) weil* ihre Arbeit unzulänglich war.
gerade(,) weil	*Gerade(,) weil* er ein Rüpel ist, fühlt sie sich zu ihm hingezogen.
insbesondere(,) weil	Dieses Jobangebot klingt verlockend, *insbesondere(,) weil* man mir das doppelte Gehalt bietet.

und weil	Puh, das war aber eine trockene Rede, *und weil* es uns jetzt alle dürstet: Lasst uns anstoßen!
und zwar(,) weil	Dünkelhaftes Verhalten mag niemand, *und zwar(,) weil* es vermeintlich überlegen wirkt.
vor allem(,) weil	*Vor allem(,) weil* du älter und weiser als dein Bruder bist, solltest du das Nachsehen haben.
zum Beispiel(,) weil	Großraumbüros sind unnötig, *zum Beispiel(,) weil* sie Virenauffangbecken sind.
Fügungen mit *wenn*	**Beispiele**
als wenn	Wenn ich samstags um 22:00 Uhr im Bett liege, fühle ich mich, *als wenn* ich Rentner wäre.
auch wenn	*Auch wenn* man recht hat, muss man es nicht allen unter die Nase reiben. Haha, von wegen!
außer wenn	Politik interessiert die meisten einen feuchten Kehricht, *außer wenn* gerade Wahlen sind.
beispielsweise(,) wenn	Natürlich kann Markus nett sein, *beispiels-weise(,)* wenn er Hilfe benötigt.
erst wenn	*Erst wenn* du die Verzichtserklärung unter-schrieben hast, darfst du springen.
gleich wenn	Schick mir eine SMS, *gleich wenn* du da bist, ja?
immer wenn	*Immer wenn* der Kuchen redet, haben die Krü-mel Sendepause.
nur wenn	*Nur wenn* du willst, gebe ich dir einen Rat.
wie wenn	Freier Fall fühlt sich an, *wie wenn* man schwe-relos wäre.
zumal(,) wenn	Du solltest sie um ein Date bitten, *zumal(,) wenn* sie Single ist.

2.4 Alles, an das ich denke, bist du

Manchmal frage ich mich: Wofür das Ganze überhaupt? Wozu widme ich mich der verflixt komplizierten deutschen Sprache? Worin sehe ich den Sinn? Und dann fällt es mir wieder ein: Na klar, ich bin ein Klugscheißer. Kaum etwas erquickt mich mehr, als mein Wissen über Grammatik, Interpunktion und Semantik zu verbreiten. Am liebsten ungefragt. Siehst du: Die Antwort auf die so häufig gestellte Sinnfrage kann so simpel sein!

Doch wenn ich ganz ehrlich bin, wusste ich das längst. Diese Einleitung habe ich nur gewählt, um dir unterschwellig einige *Pronominaladverbien* in den Cortex cerebri[F] zu schicken. Ist es geglückt? Davon können wir ausgehen. Aber um auf Nummer sicher zu gehen, verlassen wir die unterbewusste Ebene wieder und adressieren zur Wiederholung lieber dein Bewusstsein.

Pronominaladverbien sind das Salz in der Suppe eines jeden Sprachästheten. Ohne sie ließe sich die Suppe zwar essen, doch etwas fad schmeckte sie schon. Ein Test für den Geschmackssinn: Nehmen wir an, du willst deinem Schwarm eine romantische Botschaft senden. Zwei Versionen stehen zur Auswahl:

Alles, ***an das*** *ich denke, bist du.*
Alles, ***woran*** *ich denke, bist du.*

Welche ist wohl bekömmlicher? Mir schmeckt die zweite Version wesentlich besser. Der Unterschied wirkt, als verglichen wir eine Fünf-Minuten-Terrine mit der raffinierten Kräuterseitling-Suppe, die Mama an Festtagen zubereitet.

[F] Der *Cortex cerebri (Großhirnrinde)* ist eine hochentwickelte Hirnregion, die höheren Funktionen dient. Hierunter fallen unter anderem das Sehen, Hören, Sprechen und Lesen sowie die Verarbeitung der Sinneseindrücke.

Gut, Geschmack ist eine strittige Sache. Weniger streiten lässt sich indes über die Formbildung des Pronominaladverbs, das man wohlgemerkt auch *Präpositionaladverb* nennen darf. Und dieser Name kommt nicht von ungefähr: Eine Präposition und ein Adverb verschmelzen miteinander zu einem neuen Wort. Gegebenenfalls bedarf es als dritter Zutat noch eines Fugen-r, nämlich immer dann, wenn die Präposition mit einem Vokal beginnt.[19]

mit Fugen-r:	wo + r + an = woran	wo + r + auf = worauf
ohne Fugen-r:	wo + gegen = wogegen	wo + mit = womit

Ergeben sich dadurch nicht mannigfaltige Variationen? Wie um Himmels willen sollen die alle in meiner Großhirnrinde landen? Bitte tief durchatmen! Ja, es resultieren einige Pronominaladverbien. Das Gute jedoch ist, dass sie einfach auszumachen sind, da sie immer mit einer dieser drei Silben beginnen: *wo-*, *da-* oder *hier-*. Ein weiterer Vorteil: Passt eine der Silben zu der Präposition, passen die anderen beiden auch. Hier der Beweis: *worin, darin, hierin.*

Doch warum erzähle ich dir überhaupt davon? Zum einen, weil diese eleganten Wörter unseren Stil fördern, zum anderen, weil sie oft mit einem Komma einhergehen. Besondere Achtsamkeit verlangen alle mit *wo-* beginnenden Pronominaladverbien. Sie leiten oft einen Nebensatz ein, und du weißt ja, was das heißt:

Die deutsche Sprache ist das, ***wofür*** *ich morgens aufstehe.*
Der inneren Stimme zu folgen, ist das, ***wovor*** *sich viele fürchten.*
Erst wenn wir umsetzen, ***wovon*** *wir träumen, bekommen wir das,* ***wonach*** *wir uns sehnen.*

Damit ist meine Mission erfüllt. Dank dieser Gefühlsduselei dürften deine Sinne nun für etliche Pronominaladverbien geschärft sein. Und inwieweit ließe sich das noch auf die Spitze treiben? Natürlich mit einer ausführlichen Tabelle, die du für eigene Missionen gebrauchen kannst. Die Leute brauchen dich! Sie werden sich an deinen Verbesserungen ergötzen, *daran* besteht kein Zweifel.

Zusammenfassung

- Pronominaladverbien wirken sich positiv auf unseren Stil aus. Die Frage »*Wovon träumst du nachts?*« klingt eleganter als »*Von was träumst du nachts?*«.
- Ein Pronominaladverb entsteht, wenn ein Adverb mit einer Präposition verschmilzt: *wo* + *von* = *wovon*
- Manchmal ist zusätzlich ein sogenanntes Fugen-r beteiligt: *wo* + *r* + *an* = *woran*
- Leitet ein Pronominaladverb einen Nebensatz ein, bedarf es eines Kommas: *Ich weiß, woran du denkst.*

Präposition	mit »da«	mit »hier«	mit »wo«
an	daran	hieran	woran
auf	darauf	hierauf	worauf
aus	daraus	hieraus	woraus
bei	dabei	hierbei	wobei
durch	dadurch	hierdurch	wodurch
für	dafür	hierfür	wofür
gegen	dagegen	hiergegen	wogegen
hinter	dahinter	hierhinter	wohinter
in	darin	hierin	worin
mit	damit	hiermit	womit
nach	danach	hiernach	wonach
neben	daneben	hierneben	woneben
um	darum	hierum	worum
unter	darunter	hierunter	worunter
von	davon	hiervon	wovon
vor	davor	hiervor	wovor
zu	dazu	hierzu	wozu
zwischen	dazwischen	hierzwischen	wozwischen
über	darüber	hierüber	worüber

2.5 Das waren noch Zeiten und Orte

Wir schreiben Donnerstag, den 7. Juli 2022, und ich sitze gerade auf meinem alten Platz in der Bibliothek der Universität Paderborn. Hier oben auf Ebene 5 entstand 2013 meine Masterarbeit. Zwei Veränderungen zu früher darf ich vermerken:

Erstens ist hier erschreckend wenig los. Die Studenten sind wohl ebenso wie viele Arbeitnehmer von der Coronakrise gezeichnet und ins virenärmere Homeoffice geflüchtet. Schade, »Bibo«, du hast dich echt verändert! Jedoch entfacht dieser Umstand umso mehr die Nostalgie in mir. Denn obgleich die Lerneffizienz unter den sozialen Interaktionen[G] litt, würden wohl nur wenige Immatrikulierte freiwillig auf sie verzichten.

Zweitens ist in der Zwischenzeit mein einst jugendlicher Körper böse gealtert. Das merke ich daran, dass die Stühle, auf denen ich früher stundenlang sitzen konnte, erheblich an Bequemlichkeit eingebüßt haben. Und es sind noch dieselben! Na ja, zumindest die gleichen.

Aber genug des »Mimimi« über den unausweichlichen körperlichen Zerfall. Viel bedeutsamer ist die korrekte Interpunktion, sobald wir mit verklärtem Geist über Orte und Zeiten schreiben. Beginnen wir mit den Orten und bleiben beim aktuellen Beispiel. Nach wie vor sitze ich in der Universitätsbibliothek, und nein, mit mir will bedauerlicherweise niemand »sozial interagieren«. Falls mich hier oben jemand besuchen will, das ist mein Standort:

Universitätsbibliothek Paderborn, 33098, Warburger Straße 100, 5. Etage, Lesesaal

---

[G] Mit dieser geschwollenen Umschreibung sind natürlich die beliebten Uni-Flirts gemeint. Aber da dies ein seriöses Werk über die deutsche Sprache ist, wurde die Anmerkung in die Fußzeile verbannt.

Ich weiß, ich weiß. Mit Googles Hilfe kann man viel einfacher seinen Standort teilen. Aber in meiner nostalgischen Welt kommt das nicht in Frage, ich hinke der Zeit hinterher.

Und wie sieht die korrekte Zeichensetzung aus, wenn ich meinen Standort in einem ganzen Satz mitteilen möchte? Es kommt darauf an, ob ich die Ortsangabe als Einschub oder Aufzählung verstanden wissen will:

Einschub: Christian schwelgt in der Universitätsbibliothek Paderborn, *Warburger Str. 100, 5. Etage,* in Erinnerungen.
Aufzählung: Christian schwelgt in der *Universitätsbibliothek Paderborn, Warburger Str. 100, 5. Etage* in Erinnerungen.

Die Aufzählung endet nach »Etage«, weshalb das letzte Komma fehlt. Setzen wir es, zählen wir de facto nicht mehr auf, sondern schieben ein. Wie wir uns entscheiden, ist am Ende eine Stilfrage. Das betrifft alle Sätze, die durch die Ortsangabe lediglich unterbrochen und danach weitergeführt werden.

Was aber, wenn eine Präposition wie »in« oder »im« hinzukommt? Ändert sich dann etwas an der Zeichensetzung? Allerdings. Die Präposition ersetzt in der Regel das Komma.

Mit Präpositionen: Christian schwelgt in der Universitätsbibliothek Paderborn, Warburger Str. 100 *in* der 5. Etage *im* Lesesaal in Erinnerungen.

Für mehrteilige Zeitangaben gelten ähnliche, aber nicht identische Regeln wie für Ortsangaben. Das ist schwierig in Worte zu fassen, lassen wir daher lieber Zeichen sprechen.

Version 1: Christian ist Donnerstag, 7. Juli, 8:30 Uhr(,) in der Bibliothek anzutreffen.
Version 2: Christian ist *am* Donnerstag, *dem* 7. Juli, *um* 8:30 Uhr(,) in der Bibliothek anzutreffen.
Version 3: Die Leute erwarten Christian *(am)* Donnerstag *gegen* 8:30 Uhr in der Bibliothek.
Version 4: Die Leute erwarten Christian *am* 7. Juli *gegen* 8:30 Uhr in der Bibliothek.

Was fällt dir auf, außer dass ich gern meinen Namen schreibe? Zäumen wir das Pferd von hinten auf: In den Versionen 3 und 4 müssen wir uns, sofern wir alle Kommas vermeiden wollen, entscheiden, ob wir a) den Tag oder b) das Datum nennen. Warum das? Die Antwort darauf liefert uns die zweite Version: Das Datum entspricht einem Einschub, der auch der Grund dafür ist, dass vor der Präposition »um« ein Komma steht. Dort endet nämlich der Einschub »dem 7. Juli«.

Und da wir uns gerade so schön in Zeitangaben hineinsteigern, zum Höhepunkt noch eine Bonusfrage: Bin ich am Donnerstag, *den* oder *dem* 7. Juli, in der Bibliothek? Tatsächlich sind beide Versionen zulässig. Für uns zwei Logikbegeisterte kommt jedoch nur »dem« in Frage, denn »am Donnerstag« steht schließlich auch im Dativ. Außerdem resultiert daraus eine kinderleichte Regel, die ich in der Zwiebelfisch-Kolumne gefunden habe. Der gute Bastian Sick empfiehlt, den Artikel des Datums stets an den Kasus des Wochentags anzugleichen.[20]

Dativ: Ich sitze *am* Donnerstag, *dem* 7. Juli, in der Bibliothek.
Akkusativ: Die Bibliothekarin Karin treffe ich Freitag, *den* 8. Juli.
Nominativ: Es war Donnerstag, *der* 18. Juli 2013, als ich das letzte Mal auf diesem Platz saß.

Von den drei Aussagen stimmt übrigens nur die erste. Weder kenne ich eine Bibliothekarin namens Karin noch das genaue Datum, wann ich das letzte Mal auf diesem Platz saß. Aber darauf gesessen habe ich mit Sicherheit schon!

Zusammenfassung

- Längere Ortsangaben können wir als Einschub oder Aufzählung darstellen.
- Ein zusätzliches Komma macht einen Teil der Ortsangabe zum Einschub: *Niemand hat mit mir in der Bibliothek, **Warburger Str. 100, 5. Stock(,)** geflirtet.*
- Vor Präpositionen verzichten wir in der Regel auf Kommas: *Niemand hat in der Bibliothek **in** der Warburger Str. 100 **im** 5. Stock mit mir geflirtet.*
- Vor Uhrzeiten ist das Komma jedoch trotz Präposition nötig, wenn sie auf ein eingeschobenes Datum folgen: *Ich betrat am Donnerstag, dem 7. Juli, **um** 8:30 Uhr die Bibliothek.*
- Das Datum steht im selben Fall wie der Wochentag:
  *Es war Donnerstag, **der** 7. Juli.* → Nominativ
  *Wir schreiben Donnerstag, **den** 7. Juli.* → Akkusativ
  *Wir treffen uns **am** Donnerstag, **dem** 7. Juli.* → Dativ

2.6 Die wörtlich redende Topfpflanze

Im Jahr 2019 schenkte ich einer Yucca[H] ein neues Obdach und taufte sie auf den Namen Gerd. Gerd wurde beim Umzug seines Besitzers zurückgelassen, wohlgemerkt in einer Wohnung, deren nikotinverfärbte Wände einen derart stechenden Gestank absonderten, dass sich mir unmittelbar ein schützender Film auf die Bronchien legte, als ich den ersten Raum betrat. Gerd hatte offenbar schlimme Zeiten durchlebt. Ich wiederum hatte sein altes Zuhause einige Wochen zuvor erworben, weil es mir ein lukratives Geschäft schien, es zu renovieren und anschließend im aufgehübschten Zustand weiterzuverkaufen. Aber noch vor dem Verkauf versetzte ich den etwa anderthalb Meter hohen, blattarmen Zeitgenossen in das Wohnzimmer unserer damaligen Frankfurter Wohnung.

Seine Überlebenschance stand schlecht. Offen gestanden ging ich nicht mal davon aus, dass Gerd die Autofahrt überleben würde. Aber was soll ich sagen, binnen der nächsten Wochen erholte er sich zusehends, und heute floriert er wie der Toilettenpapiermarkt im März 2020. Meine Diagnose: Sein Nikotinverzicht bescherte ihm zunächst höllische Entzugserscheinungen, doch nachdem sein »Körper« endlich vom Passivrauch befreit war und wieder von Sauerstoff durchströmt wurde, strotzte er vor Vitalität und Chlorophyll. Da ich allerdings selbst vor gut 10 Jahren das Rauchen aufgab, wusste ich, wie rückfallgefährdet Gerd war. Gelegentlich stellte ich mir vor, wie er mich anschnorrte:

»Hey, Christian!«, ertönte eine heisere Stimme.

Verdutzt sah ich mich um: »Moment, wer spricht denn da?«

[H] Die Yucca wird fälschlicherweise oft Yuccapalme genannt, doch das ist botanischer Unsinn. Sie ist nämlich gar keine Palme, sondern eine Palmlilie.

Sie fuhr fort: »Ich bin's, Gerd. Deine Yucca.«

»Meine Yuc…«, mein Blick fiel auf Gerd, der sich vor dem Fenster in Richtung Sonne reckte, »sag mal, bin ich auf Meskalin?«

»Dürfte ich dich um eine Zigarette bitten?«

»Bitte was?«, ich war immer noch perplex.

»Hör zu: Zeitlebens war ich ein starker Passivraucher, meinem früheren Hausherrn sei Dank«, klagte Gerd, »du kannst mich doch nicht mir nichts, dir nichts auf einen Totalentzug setzen. Ich bin eurer Frankfurter Frischluft überdrüssig!«

»Sei doch froh. Ohne mich wärst du längst Kompost«, wagte ich zu protestierten.

Gerd appellierte an meine Empathie: »Christian, ich habe neulich etwas über dich erfahren, als dich Moritz besucht hat. Ihr habt reichlich Bier genascht und über alte Zeiten salbadert. Seitdem weiß ich, dass auch du einst Raucher warst.«

»Ja, und? Jetzt bin ich Nichtraucher. Außerdem kann ich nicht glauben, dass du uns belauscht hast. Wer schickt dich, die CIA?«

Gerd lachte schelmisch: »Nun nimm dich mal nicht so wichtig, sondern besorg mir endlich das braune Gold.«

»Ich kann zwar nicht glauben, dass ich das wirklich frage, aber: Welche Marke? Oder lieber eine E-Zigarette?«

Entrüstet schlug er die Blätter über der Krone zusammen: »Eine E-Zigarette? Ich habe mich wohl verhört!«

»Wieso, was stimmt damit nicht?«, wollte ich wissen.

»Christian, also bitte! Wenn ich Dampf inhalieren wollte, ließe ich mich im Saunapark aufstellen. Bis gerade hielt ich dich noch für einen intelligenten Vertreter deiner Spezies.«

»Hey, keine Beleidigungen bitte!«

»Besorg uns ein Päckchen filterlose ›Roth-Händle‹, zünd dir eine an und bade mich in dem blauen Dunst. Aber hurtig, der Herr!«

»Und wenn ich's nicht mache?«, forderte ich Gerd heraus.

»Dann berichte ich deiner besseren Hälfte von den Videos, die du dir ansiehst, wenn du meinst, ungestört zu sein.« Und diese Drohung unterstrich er mit einem sinisteren Lachen, das Stephen Kings »Es« umgehend wie einen wohlmeinenden Geburtstagsclown wirken ließ.

»Ist ja gut. Einverstanden«, nahm ich die Bestellung schließlich widerstrebend entgegen. Und als ich auf dem Weg zum Kiosk war, besann ich mich der Situation: »Unglaublich. Habe ich mich gerade tatsächlich von einer eloquenten Topfpflanze erpressen lassen?«

Einst warst du eine verrauchte Erscheinung, ein Sklave des Nikotins. Doch dank des Zwangsentzugs bist du heute vitaler denn je. Bleib stark, Gerd, bleib stark!

Dieser Dialog enthält zwei Kernbotschaften: Erstens sollte ich seltener mit meinen Gedanken allein sein und schleunigst in ein steriles, nach Möglichkeit pflanzenfreies Großraumbüro wechseln.

Zweitens – und das ist wahrscheinlich die wichtigere Botschaft für dich – ergeben sich drei verschiedene Möglichkeiten, die wörtliche Rede in einen Text einzubetten.

Die drei Positionen des Redebegleitsatzes

Während des Dialogs machten Gerd und ich immer wieder Gebrauch von einem *Redebegleitsatz,* einem Satz, der die wörtliche Rede unterstützt, indem er ihr beigestellt ist. Dieser kann *vor, hinter* oder *inmitten* der wörtlichen Rede stehen. Und das bringt uns zum entscheidenden Punkt für dieses Werk: Die Position des Redebegleitsatzes hat direkte Auswirkung auf die Zeichensetzung.

1) Redebegleitsatz **vor** der wörtlichen Rede:
   Gerd sprach: »Hol mir Zigaretten!«
2) Redebegleitsatz **hinter** der wörtlichen Rede:
   »Hol mir Zigaretten!«, sprach Gerd.
3) Redebegleitsatz **inmitten** der wörtlichen Rede:
   »Ich schmachte«, sprach Gerd, »hol mir Zigaretten!«

Die erste Version benötigt als einzige einen Doppelpunkt, nach dem die wörtliche Rede beginnt. Ferner kommt sie ohne Komma aus. Das würde sich jedoch ändern, sofern der Redebegleitsatz nach der wörtlichen Rede weiterginge. Zum Beispiel aufgrund folgender Ergänzung:

*Gerd sprach: »Hol mir Zigaretten!«, **und machte eine drohende Geste.***

In diesem Fall steht nach der wörtlichen Rede ein Komma, und zwar selbst dann, wenn danach ein unvollständiger Satz folgt, der mit »und« beginnt. Darüber hinaus muss ich darauf bestehen, dass sich das Satzschlusszeichen am Ende der wörtlichen Rede (in diesem Fall ein Ausrufezeichen) noch *vor* dem Abführungszeichen[I] befindet, nicht danach.

Die zweite Version hat keinen Bedarf an einem Doppelpunkt. Die wörtliche Rede macht den Anfang, ihr folgt ein Komma, dem wiederum folgt der Redebegleitsatz. Wichtige Anmerkung: Endet die wörtliche Rede weder mit einem Ausrufe- noch mit einem Fragezeichen, so wird lediglich der Redebegleitsatz mit einem Punkt abgeschlossen:

»Ich brauche Nikotin«, ***sprach Gert.***

Die dritte Version fordert unsere Fähigkeiten wohl am meisten heraus. Denn deinem aufmerksamen Auge wird nicht entgangen sein, dass der zweite Teil der wörtlichen Rede klein beginnt. Das sieht merkwürdig aus, nicht wahr? Ist aber korrekt, weil die wörtliche Rede ja Teil eines langen Satzes ist, der von dem Redebegleitsatz lediglich unterbrochen wird. Ferner gilt auch hier: Befindet sich in der wörtlichen Rede weder ein Frage- noch ein Ausrufezeichen, wandert der Punkt ans Satzende:

»Ich brauche Nikotin«, sprach Gert, ***»sonst drehe ich noch durch.«***

Damit weißt du fast alles, was du über die wörtliche Rede wissen solltest. Über einen Fall haben wir jedoch bislang nicht gesprochen: Was, wenn es sich um keine wörtliche Rede im herkömmlichen Sinne handelt, sondern um eine hervorgehobene Aussage innerhalb eines Satzes?

I Wörtliche Rede wird »an- und abgeführt«, weshalb wir auch von »An- und Abführungszeichen« sprechen und nicht einfach nur von »Anführungszeichen«. Ich verwende übrigens die französische Variante, die Guillemets, die denselben Zweck erfüllen. Mehr dazu im dritten Teil dieses Buchs.

Als Gerd »Ich bin einem Rückfall nah« sagte, machte ich mir Sorgen. Ich versuchte ihn mit einem »Bleib stark!« aufzumuntern.

In diesen Fällen ist die wörtliche Rede so eng mit dem Redebegleitsatz verbunden, dass wir hier sowohl auf den Doppelpunkt als auch auf das Komma verzichten können. Diese Freiheit genießen wir in der deutschen Sprache, damit sich der Satz flüssiger liest und aussprechen lässt.

Apropos flüssig: Seit kurzem hat Gerd den Zigaretten entsagt. Er ist jetzt endgültig passiver Nichtraucher. Allerdings hat er, seit wir nach Paderborn gezogen sind, ein akutes Verlangen nach ostwestfälischem Exportbier. Wir werden sehen, wie wir uns in dieser Sache einigen können.

Zusammenfassung

- Der Redebegleitsatz gibt an, von wem die wörtliche Rede stammt. Er steht nicht in An- und Abführungszeichen.
- Wir können den Redebegleitsatz *vor, hinter* oder *inmitten* der wörtlichen Rede positionieren.
- Steht er *vor* der wörtlichen Rede, endet er mit einem Doppelpunkt: *Gerd sprach: »Ich brauche Nikotin.«*
- Steht er *hinter* der wörtlichen Rede, ist der Doppelpunkt überflüssig. Stattdessen trennt ein Komma die beiden Sätze: *»Ich brauche Nikotin«, sprach Gerd.*
- Außerdem wandert der Punkt der wörtlichen Rede ans Ende des Redebegleitsatzes. Das gilt jedoch nicht für Frage- und Ausrufezeichen: *»Ich brauche Nikotin!«, sprach Gerd.*
- Steht der Redebegleitsatz inmitten der wörtlichen Rede, trennen zwei Kommas die insgesamt drei Satzteile: *»Ich brauche Nikotin«, sprach Gerd, »sonst drehe ich durch.«*
- Auch hier wandert der Punkt ans Ende des Redebegleitsatzes. Davon ausgenommen sind Frage- und Ausrufezeichen.
- Manchmal ist die wörtliche Aussage in einen Satz eingebettet. Sie braucht dann weder Komma noch Doppelpunkt: *Gerd gestand, dass er »abhängig ist«.*

2.7 Ein Wort, so geschmeidig wie Olivenöl

Zeit für ein bisschen Denksport. Gesucht wird ein prominentes deutsches Wort. Mit seiner zierlichen Gestalt findet es Platz in nahezu jedem Satz. Mit Vorliebe verbindet es Hauptsätze und behandelt sie gleichrangig. Es nimmt also Abstand von der Unterordnung, so wie es seine Geschwister »weil«, »ob« und »dass« bevorzugen. Man könnte sagen, ihm liegt etwas an der Augenhöhe! Doch damit nicht genug: Ebenso tritt das gesuchte Wort im krönenden Finale von Aufzählungen auf, wodurch es den letzten Aufzählungsbegriff vom Komma befreit, sodass dem Satz ein abruptes Ende erspart bleibt. Wie edel! Durch seine Anwesenheit werden Sätze geschmeidig – in seiner Funktion durchaus vergleichbar mit einem guten Olivenöl, das den Feldsalat erst mit der Paprika harmonieren lässt. Sozusagen ist es der Geschmacksträger der Syntax. Na, wovon rede ich? Gemeint ist natürlich die dreibuchstabige Konjunktion »und«.[21]

Damit dürfte die Frage nach der Zeichensetzung ja beantwortet sein. Dank »und« können wir auf das Komma verzichten, richtig? Ja und nein. Denn andernfalls diente dieses Kapitel nur der Verherrlichung eines ohnehin schon häufig genutzten Wortes, *und* das wäre doch unnötig. Der vorangegangene Satz hat uns bereits die erste Ausnahme präsentiert, wenngleich das Komma hier nicht verpflichtend ist. Aber eine stilistische Schönheit ist es trotzdem!

Bindeglied zwischen Hauptsätzen

Es lässt sich trefflich darüber streiten, ob wir ein Komma vor »und« setzen sollten, wenn wir es nicht müssen. Insbesondere nach meinem pathetischen Einstieg könnten wir doch annehmen, dass ein Komma nicht nur überflüssig ist, sondern es die Konjunktion sogar aus dem Rampenlicht zerren und sie ihrer verbindenden Energie berauben würde. Doch das Gegenteil ist der Fall. Das Komma stärkt die Bindung. Schauen wir uns das an:

Wir pflanzen heute Feldsalat(,) ***und*** *in drei Monaten ernten wir ihn.*

Hier haben wir es mit zwei eigenständigen Hauptsätzen zu tun, deren Trennung mit einem Komma eindeutiger ist. Nach dem Komma machen wir nämlich instinktiv eine kurze Sprechpause, heben anschließend die Stimme und lesen erst jetzt den zweiten Satz. Indessen fliegen wir ohne Komma schneller darüber hinweg. Und warum setzen wir nicht einfach einen Punkt? Das könnten wir, allerdings wäre die Sprechpause dann länger, was wir eben nicht wollen. Aber warum lassen wir »und« nicht einfach ganz weg? Immerhin funktioniert die Satzreihe auch ohne Konjunktion, allein durch das Komma. Dem ist gewiss so, aber die Konjunktion sorgt für einen harmonischeren, weniger holprigen Übergang. Demnach ist »Komma plus und« der ideale Zwischenweg.

Zugegeben, bisher war meine Argumentation stark subjektiv. Jetzt wird sie objektiver: In zwei Fällen ist das Komma besonders sinnvoll, nämlich wenn es Missverständnissen vorbeugt oder komplexe Sätze gliedert. Dadurch unterstützt es den Lesefluss.

Missverständnissen[J] vorbeugen

Wir pflücken gerade Erdbeeren mit Julia(,) ***und*** *Simon wird nachher noch dazustoßen.*

Simon isst am liebsten Vanilleeis mit Himbeeren(,) ***und*** *Schokostreusel dürfen selbstverständlich auch nicht fehlen.*

J Das Missverständnis entsteht nur im ersten Moment, am Satzende ist alles klar. Aber wir geraten kurz ins Stocken, was ein Komma vermeidet.

Komplexere Sätze gliedern

Die Erdbeere ist gar keine Beere, sondern eine Sammelnussfrucht(,) ***und*** *weil das jeder wissen sollte, verbreite ich die frohe Kunde.*
Die Erdnuss wiederum ist keine Nuss, sondern eine Hülsenfrucht(,) ***und*** *botanisch gesehen unterscheiden sich Nüsse und Hülsenfrüchte deutlich.*

In komplexen Sätzen bietet sich das Semikolon als Alternative an, das am Rande bemerkt genauso unbeliebt ist wie das Komma vor »und«. Im dritten Teil dieses Buches verhelfe ich dem Strichpunkt jedoch zur Steigerung seiner Beliebtheit; du wirst sehen!

Kein Subjekt, kein Komma

Jeder vollständige Satz besteht mindestens aus den Satzgliedern Subjekt und Prädikat, daran führt kein Weg vorbei. Ein subjektloser Satz wäre ein sinnloser Satz, denn worum bitte würde er sich drehen? Irgendjemand (Subjekt) tut schließlich irgendetwas (Prädikat): Alfred altert, Bella bellt, Carina campiert, Doris döst, Erwin ertrinkt, Frida friert und Gustav gustiert.

So weit, so erhellend. Unsere Freundin »und« verknüpft aber nicht nur ganze Hauptsätze miteinander, sondern auch ganze und halbe. Präziser gesagt handelt es sich bei einem »halben Satz« um eine Ellipse, eine äußerst weit verbreitete Stilfigur, der es an Wörtern mangelt. Vermutlich wird sie deshalb so gern benutzt, weil wir alle sehr beschäftige Individuen sind, die mit Denksekunden geizen, als zöge sie jemand von ihrem Bankkonto ab. Wir plappern und tippen lieber drauf los, ohne lange über den Inhalt nachzudenken. Und was böte sich da mehr an als Satzverkürzungen? »Ökonomische Sprachentwicklung« hat das einst mein bester Freund und Deutschlehrer Moritz bezeichnet. Sie mag in vielen Lebenslagen sinnvoll sein, leider aber werden ihretwegen auch Satzgefüge gezimmert, deren Tragfähigkeit allenfalls mit einer durchnässten

Papiertüte konkurriert: »Digga, wozu so viel Wasser? Biste neuerdings Aquaholiker?[K]« Sei es drum: Jedenfalls duldet die Ellipse in ihrem Terrain kein Komma vor »und«, von Einschüben mal abgesehen, wie wir noch sehen werden.[22]

Ohne Subjektwiederholung (kein Komma)
Marius trinkt viel Wasser ***und*** *ist Aquaholiker.*

Mit Subjektwiederholung (Komma möglich)
Marius trinkt viel Wasser(,) ***und er*** *ist Aquaholiker.*

Und tatsächlich erscheint die erste Variante harmonischer als die zweite, in der sich das unnötige Personalpronomen »er« befindet.

Vorsicht bei Einschüben und Infinitivgruppen
In den bisherigen Fällen werden kaum Fehler begangen, da die meisten Deutschen das Komma vor »und« kategorisch ablehnen. Jedoch birgt genau dieser Umstand Gefahren! Und zwar, weil er dazu führt, dass unentbehrliche Kommas nach Einschüben und Infinitivgruppen gemieden werden. In den nächsten Beispielen dürfen wir nicht auf den Beistrich verzichten:

Nachgestellte Erläuterung
Cornelius schmiert sich jeden Morgen eine dicke Bemme, natürlich mit frischer Rahmbutter, ***und*** *verleibt sie sich genüsslich ein.*

Apposition
Cornelius, leidenschaftlicher Frühaufsteher, ***und*** *sein Bruder Conrad betreiben eine Brotmanufaktur.*

K Übersetzung: »Verzeihung bitte: Mir ist dein hoher Wasserkonsum aufgefallen. Bist du neuerdings süchtig nach dem kühlen Nass?«

Infinitivgruppe

*Conrad hat es satt, so früh aufzustehen, **und** wird wohl bald aussteigen.*

Konjunktionalsatz

*Cornelius ahnte schon, dass Conrad kündigen wird, **und** hat sich bereits um Ersatz bemüht.*

Stilistisch sind Einschübe nicht die beste Wahl. Sie stießen schon Mark Twain bitter auf, und Wolf Schneider riet ebenfalls von ihnen ab. Andererseits servieren gewitzte Autoren ihren Lesern abwechslungsreiche Kost, und deshalb könnte ja gelegentlich ein Einschub auf der Karte stehen, sofern es denn bei Ausnahmen bliebe.

Schaltsätze, die mit »und« beginnen

Du erinnerst dich an die Parenthesen, die nichts mit dem Zahnhalteapparat, dafür umso mehr mit der Stilistik zu tun haben? Diese sogenannten Schaltsätze stehen »außerhalb des eigentlichen Satzverbandes« und werden folglich stets eingeschoben dargestellt.[23] Das macht sie zu einem Kommagaranten, und das völlig unabhängig davon, welches Wort sie einleitet:

Tomaten, *und das ist Fakt,* sind Beeren!

Das letzte Beispiel erinnert mich an eine Episode von *The Big Bang Theory*, in der Sheldon und Stuart darüber streiten, ob sich der absoluten Zustand »falsch« steigern lässt. Stuart vertritt da eine klare Meinung: »Na klar geht das! Ein bisschen falsch ist zu sagen, die Tomate sei ein Gemüse. Mehr als falsch wäre zu sagen, sie sei eine Hängebrücke.«

Und was ist mit »oder« und »sowie«?

Alle in diesem Kapitel aufgeführten Regeln gelten gleichermaßen für die Konjunktion »oder«. Mit »sowie« ist es hingegen etwas vertrackter. Ob wir ein Komma davor setzen, hängt entscheidend davon ab, wie wir die Konjunktion verwenden. In Aufzählungen steht sie kommafrei:

In einen Salat gehören Tomaten, Gurke, Paprika ***sowie*** *Walnüsse.*

Alternativ könnten wir »und« oder »und auch« schreiben. Verwenden wir »sowie« allerdings im Sinne von »sobald«, kommen wir nur noch mit »Komma klar«. Auf diesen Wortwitz hast du doch schon seit vielen Seiten gewartet, stimmt's?

Monika wird sich mit einer knusprigen Haxe belohnen, ***sowie*** *sie zehn Kilo abgenommen hat.*

Damit sind wir am Ende des zweiten Teils angelangt. Mit diesem Spezialwissen wirst du garantiert für Frohsinn und Heiterkeit in deinem Umfeld sorgen, da bin ich sicher. Und falls dir jemand die Frage stellt, ob man überhaupt so kleinlich bei der Interpunktion sein sollte, gibt es nur eine richtige Antwort: Und ob!

Zusammenfassung

- Die beiden Konjunktionen »und« und »oder« verbinden Hauptsätze miteinander.
- Wenn die Hauptsätze abgeschlossen sind, dürfen wir zusätzlich ein Komma einsetzen: *Paprika und Tomaten schmecken lecker(,) und außerdem sind sie gesund.*
- Das Komma kann Missverständnissen vorbeugen und die Lesefreundlichkeit erhöhen: *Simone massiert Carla(,) und Carlos schaut zu.*
- Folgen die Konjunktionen auf Einschübe, müssen wir sogar ein Komma setzen: *Für den Job kommt nur Tatjana, die am meisten Erfahrung hat, oder Sandra in Frage.*
- Schaltsätze verlangen ebenfalls ein Komma vor »und«: *Christoph, und das ist bedenklich, verlässt kaum noch das Haus.*
- Die Konjunktion »sowie« hat zwei Funktionen:

  1) Sie ersetzt das Komma in Aufzählungen: *Wir haben Äpfel, Birnen sowie Bananen im Haus.*

  2) Sie leitet einen Nebensatz ein: *Ich werde einen Apfel essen, sowie ich zuhause bin.*

Teil 3:

»Komma klar« mit allen Zeichen!

Ich beginne diesen dritten Teil mit einem Plädoyer für mehr Satzzeichen in deutschen Texten. Der Grund liegt nah: Viele Deutsche greifen nur auf einen Bruchteil jener Vielfalt zurück, die ihnen zur Verfügung steht. Und das ist für Deutsche relativ untypisch. Denn die typisch deutsche Einstellung lautet doch: »Ich habe dafür bezahlt, also nehme ich das auch in Anspruch!«

Weil du vermutlich gerade lautstark protestierst, lass mich dich mit einem Urlaubsbeispiel überzeugen: Sagen wir, du verbringst eine Woche in einem All-inclusive-Hotel auf Gran Canaria. Das Büfett ist zu jeder Tageszeit reichhaltig, insbesondere abends. Man kredenzt dir eine meterlange Salatbar, gegrillten Schwertfisch, Paella, Schweinekrustenbraten, Tortellini gefüllt mit Ricotta, zartes Rinderfilet und Gemüsesorten, von denen du nicht mal wusstest, dass sie existieren. Es wäre schier unmöglich, all diese Köstlichkeiten an nur einem Abend zu verspeisen. Nein, natürlich verleibst du dir das Angebot verteilt auf mehrere Tage ein. Oder gehörst du etwa der Fraktion an, die jeden Abend das Gleiche isst?

Von mir aus. Auf die deutsche Sprache übertragen wäre das jedoch nicht ratsam – denn eintönige Kost ist langweilig. Stattdessen servieren wir unseren Lesern ein opulentes Satzzeichen-Menü; allem voran nutzen wir neben Punkten auch regelmäßig Frage- und Ausrufezeichen. Einverstanden? Gut! Ferner verleihen Semikola, Doppelpunkte, Gedankenstriche (und gelegentlich Klammern) unseren Worten eine gewisse Würze. Und nicht minder schmackhaft sind die wörtliche Rede, Ironie oder Doppeldeutigkeiten, die wir mit »Gänsefüßen« darreichen. Übrigens ist das Beste an unserem Menü: Es enthält nicht eine Kalorie!

3.1 Ein Crashkurs in Satzarten

Dass dich ein Crashkurs in Satzarten erwartet, überrascht dich wahrscheinlich. Der Grund ist folgender: Es liegt mir am Herzen, dass du die fünf Satzarten, die das Deutsche zu bieten hat, bewusst einsetzt. Denn nur so machst du auch bewusst Gebrauch von zwei meiner Ansicht nach unterrepräsentierten Satzzeichen: dem Frage- und dem Ausrufezeichen. Mit ihrer Hilfe gestaltest du Texte abwechslungsreicher und lockerst sie auf. Punkte werden nämlich auf Dauer langweilig!

Der Aussagesatz (Deklarativsatz)

Er ist mit Abstand der beliebteste Satz, da wir unserem Gegenüber so gern etwas erklären. Mit unnötigen Fragen büßen wir schließlich wertvolle Redezeit ein und Befehle können wir ja auch nicht sekündlich erteilen. Also treffen wir Aussage über Aussage, dann weiß unser Gegenüber schon, wie gebildet wir sind. Aber was macht eine Aussage eigentlich[A] zu einer Aussage? Zum Beispiel können wir damit etwas behaupten oder feststellen:

Behauptung: Wir Deutsche reden viel und hören nur selten zu.
Feststellung: Das Thermometer zeigt 38 °C an.

Grundsätzlich endet eine Aussage mit einem Punkt, wobei »grundsätzlich« hier im juristischen Sinne zu verstehen ist und auf

---

[A] Ich möchte betonen, dass ich früher das Wort »eigentlich« schmähte. So auch nachzulesen in meinem ersten Buch *Lern mal Deutsch, du Opfer!*. Doch dann hat mich mein E-Mail-Freund Bernd darauf aufmerksam gemacht, dass die Partikel »eigentlich« eigentlich gar nicht so schlecht ist. Sie lässt einen Satz weniger förmlich, ja menschlicher erscheinen. Danke, Bernd, du hast mich überzeugt! Fortan taucht »eigentlich« gelegentlich in meinen Texten auf.

einen Grundsatz hinweist, »der Ausnahmen zulässt«. Kommt uns eine Aussage besonders wichtig vor (was bei mir relativ häufig der Fall ist), können wir ihr mit einem Ausrufezeichen Nachdruck verleihen! Denn es ist viel sinnvoller, Aussagen eigenmächtig eine hohe Wichtigkeit beizumessen, als diese schwierige Aufgabe an unser Gegenüber zu delegieren. Logisch, oder? Das erinnert mich an die Behauptung, dass jemand, der seine Aussagen mit einem Ausrufezeichen versieht, ebenfalls über seine eigenen Witze lacht. Sehr spitzfindig. Tja, schuldig im Sinne der Anklage! Hahaha.

Der Fragesatz (Interrogativsatz)
Ab und zu fragen wir dann aber doch nach etwas oder jemandem, das heißt, wenn unser Gegenüber Informationen herausrücken soll und uns eine Aussage nicht so recht ans Ziel führen will. Dabei stehen uns zwei Arten zur Verfügung – die Entscheidungs- und die Ergänzungsfrage[B]. Beide haben ihre Vorzüge, je nachdem wie ausführlich unser Gegenüber antworten soll. Entscheidungsfragen lassen nur zwei Antwortmöglichkeiten zu, ja oder nein, wohingegen Ergänzungsfragen eine Dampfplauderei auslösen können.

Entscheidungsfragen: Geht es dir gut? Treffen wir uns heute? Hilfst du mir beim Umzug? Mag er mich?

Ergänzungsfragen: Wie geht es dir? Wann treffen wir uns? Wieso hilfst du mir nicht beim Umzug? Was mag er an mir?

Ergänzungsfragen leiten wir immer mit einem W-Fragewort wie *wer, wie, was, wo, wann, wieso, weshalb, warum* ein. Entscheidungsfragen beginnen indessen mit einem Verb. Unabhängig davon, ob

---

[B] Eine alternative Bezeichnung lautet: *geschlossene* und *offene* Fragen.

unser Gegenüber entscheiden oder ergänzen soll, beenden wir die Frage mit einem Fragezeichen. Zumindest, wenn wir sie direkt stellen. Direkte Fragen wirken allerdings auf Dauer zu fordernd, weshalb wir uns unbedingt noch eine indirekte Technik zu eigen machen, mit deren Hilfe wir bei Bedarf von uns ablenken. Mit anderen Worten: Wir schieben die Frage auf jemand anderen.

Indirekte Entscheidungsfragen: Mein Kumpel will wissen, ob du Single bist. Man fragt sich, ob du heute guter Laune bist. Yvonne will wissen, ob sie befördert wird.

Indirekte Ergänzungsfragen: Mein Kumpel will wissen, warum du Single bist. Man fragt sich, welcher Laune du heute bist. Yvonne will wissen, wann sie befördert wird.

Beeindruckend, die indirekte Technik, nicht wahr? Damit hüllen wir die Frage in einen eleganten Schleier, weil am Ende ein Punkt statt eines Fragezeichens steht. Unser Gegenüber wird gar nicht merken, wie ihm geschieht, und uns mit wertvollen Informationen überhäufen. Hierfür verzichten wir doch gern für eine Weile auf Aussagen, auch wenn es uns schwerfällt.

Der Aufforderungssatz (Imperativsatz)

Bringt uns weder eine Aussage noch eine Frage ans Ziel, müssen wir einen Gang hochschalten, um unser Gegenüber gefügig zu machen. Wir wechseln in den Befehlsmodus! Im Imperativ lassen sich herrlich klare Botschaften vermitteln, vermutlich ist er deshalb bei Eltern so beliebt:

Räum dein Zimmer auf! Mach deine Hausaufgaben! Iss gefälligst mit geschlossenem Mund! Hample nicht so herum! Komm sofort nach Hause!

Im Imperativ sehen wir von einer höflichen Frage ab, stattdessen kommunizieren wir mit Druck. Entscheidend ist, dass der Empfänger »pariert«, wie mein Großvater zu sagen pflegte. Und die Wahrscheinlichkeit dafür, dass jemand pariert, steigt selbstredend mit der Verwendung eines Ausrufezeichens. Es steht am Ende jeder Aufforderung und jedes Befehls. Kleiner Lifehack an dieser Stelle: Wir können einen Befehl auch als Bitte tarnen, nämlich indem wir das Höflichkeitswort in den Satz integrieren.

Räum bitte dein Zimmer auf! Mach bitte deine Hausaufgaben!

Diese Formulierung macht den Befehl wesentlich unaufdringlicher und weniger fordernd; die Erfolgswahrscheinlichkeit steigt weiter. Kein Kind wird bemerken, dass wir damit lediglich »rhetorisches Greenwashing«[C] betreiben und sich an der Befehlsform im Grunde nichts ändert. Einfach genial!

Weniger elegant ist hingegen jene Methode, den Befehl hinter einer Aussage zu verstecken. Sie wirkt genauso schroff wie der Befehl, möglicherweise sogar schroffer, denn der Angesprochene steht an vorderster Stelle, wird also unmittelbar von uns angegriffen. Und doch wollen wir diese Methode allein schon der sprachlichen Diversifikation wegen keineswegs missen. Am besten kombinieren wir sie in Gesprächen mit einem gestreckten Zeigefinger:

Du hilfst mir beim Umzug! Sie antworten gefälligst auf meine Frage!

C Unter Greenwashing versteht man den Versuch von Menschen, Firmen oder Institutionen, ein besonders umweltbewusstes Image darzustellen. Das vermeintliche Wohlwollen sollen ihre Mitmenschen anhand von Geldspenden für ökologische Projekte, einschlägigen PR-Kampagnen o. ä. ableiten.

Ausrufsatz (Exklamativssatz)

Aber es muss ja nicht zwingend eine Aussage, Frage oder Aufforderung sein. Auch Ausrufe können eine starke Wirkung haben, und außerdem sind sie der Ursprung des Ausrufezeichens. Die Basis eines Ausrufs ist entweder eine Aussage oder eine Frage. Mit beidem soll Bewunderung zum Ausdruck gebracht werden.[24] Beispielshalber könnte ein Narzisst sein Spiegelbild mit den Worten anhimmeln:

Wie hübsch du doch bist! Bist du aber ein wunderschöner Mensch!

Dass der erste Satz auf einer Aussage, der zweite hingegen auf einer Frage basiert, erkennen wir an der Stellung des Verbs »bist«. Fragen ohne Fragewort beginnen immer mit einem Verb, so auch der zweite Ausruf. Gleichwohl der Narzisst mit diesem Ausruf rein gar nichts hinterfragt, vielmehr stellt er in seiner Welt etwas fest. Ergo bezieht sich die Verbstellung nur auf den Satzbau.

Wunschsatz

Und falls am Ende alle zwischenmenschlichen Beziehungen den Bach heruntergegangen sind – was bei den Ratschlägen dieses Kapitels ziemlich wahrscheinlich ist –, verbleibt uns immer noch die Wunschwelt. Mit Wunschsätzen lässt sich gehoben jammern, allerdings müssen wir dafür des zweiten Konjunktivs mächtig sein, der uns die Jammerlaune schnell vermiesen kann. Aber nehmen wir an, das Kunststück gelänge und wir beherrschten ihn in Gänze. Mit den folgenden Sätzen entflöhen wir der Realität:

Wäre ich doch noch einmal jung! Wenn ich doch bloß weniger befohlen und mehr zugehört hätte. Ach, könnte ich doch die Zeit zurückdrehen!

Diese Wunschsätze stehen im *Irrealis*, das heißt, sie sind nicht mehr erfüllbar. Es lohnt sich also kaum zu erwähnen, dass diese Art des Jammerns armselig und nutzlos ist, denn wir können nichts ungeschehen machen, was längst geschehen ist. Anders sieht es mit dem *Potenzialis* aus, womit wir unsere Wünsche auf die Zukunft ausrichten:

Würde ich doch zu einem netteren Menschen! Wenn ich doch nur altruistischer wäre! Befähle ich doch weniger und hörte mehr zu!

Unabhängig davon, ob uns nach dem Irrealis oder dem Potenzialis zumute ist, haben wir bezüglich des Satzbaus stets zwei Möglichkeiten: Wir können unsere Wünsche entweder mit einem Verb im Konjunktiv oder mit der Konjunktion »wenn« einleiten.

Im Übrigen ergibt für den Narzissten weder der Irrealis noch der Potenzialis Sinn. Denn in seiner Welt ist bis ans Ende seiner Lebtage alles in bester Ordnung. Obwohl, mir fällt tatsächlich ein Irrealis ein, der seiner würdig wäre: *Ach, besäßen meine Mitmenschen doch meine Schönheit und Intelligenz! Doch leider ist das Leben kein Wunschkonzert!*

Zusammenfassung

- Es gibt fünf Satzarten im Deutschen: *Aussagesatz, Fragesatz, Aufforderungssatz, Ausrufesatz und Wunschsatz.*
- Aussagesätze enden mit einem Punkt: *Heute regnet es.*
- Wenn wir eine Aussage betonen wollen, können wir auch ein Ausrufezeichen nutzen: *Es regnet schon wieder!*
- Direkte Fragen enden mit einem Fragezeichen: *Was soll das?*
- Indirekte Fragen enden mit einem Punkt: *Ich frage mich, was das soll.*
- Aufforderungssätze kommen Befehlen gleich. Am Ende steht ein Ausrufezeichen: *Lern die deutsche Zeichensetzung!*
- Ausrufesätze drücken Bewunderung aus und enden mit einem Ausrufezeichen. *Wie schön doch die deutsche Sprache ist!*
- Wunschsätze stehen im zweiten Konjunktiv und sind entweder erfüllbar (Potenzialis) oder unerfüllbar (Irrealis):
  Hätte ich doch schon früher dieses Buch gelesen! → Irrealis
  Ach, spräche ich doch gehobenes Deutsch! → Potenzialis

3.2 Nie wieder Bindungsangst!

Wir Deutsche leiden unter Bindungsangst. Schwerer, schwerer Bindungsangst. Woher kommt sie bloß? Sprachpsychologen sind der Meinung, die Betroffenen machten irgendwann schlechte Erfahrungen mit dem *Bindestrich*, dem Divis, wie er fachsprachlich genannt wird. Einst verbanden sie damit zwei Substantive, zum Beispiel »Bindungs-Angst«, doch dann klärte man sie auf, dass der Bindestrich überflüssig sei.

Seitdem sind die Betroffenen völlig verunsichert darüber, wann es denn nun eines Bindestrichs bedarf. In der Konsequenz meiden sie entweder jede Art von Bindung und erzeugen unglückliche Fügungen wie »Friseur Salon«, »Imbiss Ecke« oder »Fleisch Ersatz Produkt«. Oder aber ihre Bindungsangst schlug aus Trotz in einen Bindungswahn um, sodass sie auf dem Rück-Weg vom Friseur-Salon beim Super-Markt anhalten, um Fleisch-Ersatz-Produkte zu kaufen, weil sie das Jäger-Schnitzel von der Imbiss-Ecke satt haben. Doch keine Sor-ge, Hil-fe naht!

Sobald wir ein neues Wort aus zwei oder mehr Substantiven bilden, also ein Kompositum erzeugen, geschieht dies lückenlos. Das ist ein bemerkenswertes Phänomen der deutschen Sprache, nach dem sich theoretisch endlose Möglichkeiten ergeben. Von der Imbissecke über den Eierschalensollbruchstellenverursacher bis hin zum monströsen Rindfleischetikettierungsüberwachungsaufgabenübertragungsgesetz.

Das heißt aber keinesfalls, dass nicht andere Bindungsenergien am Werk wären. Viele Komposita verbinden wir unter Zuhilfenahme des sogenannten Fugen-s. Wann es zwei Wörter verfugt, dazu kennt die Sprachwissenschaft allerdings keine eindeutige Regel. Häufig klebt es an Wörtern, die auf *-schaft, -tum, -ung, -ion, -tät, -ling, -heit, -keit* oder *-sicht* enden. Und so entsteht unter anderem die »Bindungsangst«. Des Weiteren hilft das Fugen-s mit Vorliebe bei Wörtern auf *-en*, jedoch nur, sofern es sich um einen substantivierten Infinitiv handelt.[25]

Ein Beispiel: Die »Tauben« basieren auf keinem Infinitiv, das Wort wird ausnahmslos als Substantiv gebraucht. Es gibt schließlich nicht das Verb »tauben«, um taubenähnliches Verhalten zu beschreiben. Obwohl es doch amüsant wäre, wenn wir damit den Akt, sich von Straßenlaternen herunter auf Fußgänger und Autos zu erleichtern, umschreiben könnten: »Das darf nicht wahr sein, mein Wagen wurde völlig zugetaubt!« Bis zum Dudeneintrag legen die Tauben aber noch »Taubeneier«, nicht etwa »Taubenseier«.

Zwei Tauben beim »Tauben«. Was für eine Tauberei!

Anders verhält es sich mit dem »Leben«, neben dem das gleichgeschriebene Verb existiert. Dieser Umstand wiederum erzeugt das grammatische »Lebenselixier«, das uns Sprachbegeisterten die »Lebenslust« beschert, wenn nicht sogar den »Lebenssinn«.

Muttersprachler haben ein feines Sprachgefühl dafür, ob das Fugen-s gerade angemessen oder fehl am Platz ist. Mit Ausnahme vielleicht von Wörtern wie »Grunderwerbssteuer«. Würdest du es mit oder ohne Fugen-s schreiben? Tja, es bleibt dir überlassen, denn im Duden stehen beide Versionen. Ich plädiere jedoch für die Version ohne Fugen-s, da es einen unnötigen s-Laut vor dem sch-Laut erzeugt, was in meinen Ohren umständlich klingt. Wie ist deine Meinung hierzu?

Nun leidet gelegentlich nicht nur das Gehör, sondern auch die Lesbarkeit unter ästhetischen Reihungen wie Eierschalensollbruchstellenverursacher. Und genau in diesen Fällen darf der Bindestrich einspringen. Unsere Augen dürften nämlich weniger Probleme damit haben, einen Eierschalen-Sollbruchstellen-Verursacher wahrzunehmen als den vorherigen Wort-Auffahrunfall. Die Wahrnehmung wird zumeist ab Fügungen von mehr als zwei Substantiven gestört. Dennoch steht es uns frei, ob wir den Bindestrich einsetzen.

Unfrei wird es, wenn wir einen »Rote-Bohnen-Eintopf« zubereiten, da uns ein »Rotebohneneintopf« auf den Magen schlägt. Aus welchem Grund? Weil der »Eintopf« völlig untergeht. Um ihn geht es aber, er wird lediglich durch zwei Wörter näher bestimmt, weshalb die Bindestriche verpflichtet sind. Das gilt für sämtliche Fügungen dieser Art mit mehr als zwei Bestandteilen. Egal, ob ich ein Freund des *In-den-Tag-hinein-Lebens* oder ein *Der-frühe-Vogel-fängt-den-Wurm-Verfechter* bin, am Bindestrich führt kein Weg vorbei. Ebenso nötig haben ihn die *5-Kg-Hantel,* der *100-€-Schein,* die *90er-Jahre-Party* und der *10-km-Lauf.* Ein Stilist würde jedoch dazu raten, es mit dieser Methode nicht zu übertreiben, sofern man seine Leser nicht empören möchte. Denn: Der Bindestrich ist ein Mittel, das nur in geringen Dosen verträglich ist.

Stilfördernd wirkt der Bindestrich hingegen immer dort, wo er Wörter verschönert. Unschön sehen in der Regel solche aus, in denen derselbe Buchstabe dreimal hintereinandersteht. Wie zum Beispiel in *Flusssand, Kongresssaal, Schritttempo, Geschirrreiniger, Krepppapier, Kristallleuchter, Kunststoffflasche, Messsystem* oder *Nassschnee.* Hier kann der Bindestrich die Netzhaut entlasten: *Fluss-Sand, Kongress-Saal, Schritt-Tempo* und so weiter.

Gern gesehen ist der Bindestrich auch, wenn er Missverständnissen vorbeugt. Der Duden nennt hierzu die beiden anschaulichen Beispiele *Fluchtraum* und *Bauerhaltung.*[26] Ohne Bindestrich ist nicht eindeutig, ob jemand von einem *Fluch-Traum* geplagt wird oder sich in einen *Flucht-Raum* retten will. Ebenfalls unklar bleibt, ob eine Person eine *Bau-Erhaltung* anstrebt oder eine *Bauer-Haltung* einnimmt, wobei das eine das andere natürlich nicht ausschließt.

Und definitiv hocherwünscht ist der Bindestrich dort, wo er Wörter einspart beziehungsweise eine Wiederholung vermeidet. In diesem Fall nennen wir ihn *Ergänzungsstrich.* Eine Braut, die wochenlang nach dem passenden Brautkleid sucht, ist vielleicht irgendwann *kraft- und ratlos.* In der Konsequenz näht sie sich am Ende ihr Kleid selbst, und zwar aus einer Mischung aus *Seiden- und Algenfasern.* Was tut frau nicht alles, um die Bindungsangst ihres künftigen Gatten zu kurieren!

Zusammenfassung

- Zusammengesetzte Wörter (Komposita) wie *Bindungsangst* oder *Friseursalon* kommen ohne Bindestrich aus.
- An Wörtern auf *-schaft, -tum, -ung, -ion, -tät, -ling, -heit, -keit* oder *-sicht* klebt häufig ein Fugen-s.
- Besteht ein Kompositum aus mehr als zwei Wörtern, kann der Bindestrich die Augen entlasten: *Nummernschild-Beleuchtung, Sollbruchstellen-Verursacher* etc.
- Ebenso hilft er bei Wörtern, die drei aufeinanderfolgende Buchstaben enthalten: *Nass-Schnee, Krepp-Papier* usw.
- Außerdem kann der Bindestrich Missverständnissen vorbeugen: *Bauer-Haltung* oder *Bau-Erhaltung?*
- Verpflichtend ist der Bindestrich bei Fügungen, wo ein Substantiv durch andere Wörter näher beschrieben wird. Dabei schreiben wir alle Substantive groß: *5-kg-Hantel, 90er-Jahre-Party, das In-den-Tag-hinein-Leben.*
- Ebenfalls nötig ist der Bindestrich, wenn wir Wortteile weglassen, um eine Wiederholung zu vermeiden. In diesem Fall heißt er Ergänzungsstrich: *Ich bin völlig kraft- und ratlos!*

3.3 Zu viele Doppelpunkte reizen das Kolon

In der Medizin steht das Kolon für den größten Teil unseres Dickdarms, den wir regelmäßig mithilfe einer Koloskopie beleuchten lassen sollten. Heute beleuchten wir jedoch sein Homonym[D], denn das Kolon steht in der Sprachwissenschaft für den Doppelpunkt. Und wie wir diesen regelkonform und stilistisch wertvoll einsetzen, sodass keine Reizung des »Kolons« auftritt, das soll Inhalt dieses Kapitels sein.

Am häufigsten benutzen wir den Doppelpunkt zur Ankündigung einer wörtlichen Rede. Das hat uns Gerd, meine sprechende Yucca, bereits hinreichend im zweiten Teil dieses Buches vorgeführt. Doch es muss ja keine wörtliche Rede sein, die wir ankündigen. Eine Aufzählung kommt dafür genauso in Frage:

Natia war schon in vielen amerikanischen Großstädten: New York, Los Angeles, San Francisco, Las Vegas und Chicago.
Folgender Vorschlag: Wir unterbrechen hier und machen morgen weiter.

Immer wieder herrscht Verunsicherung darüber, wann wir nach einem Doppelpunkt groß- und wann kleinschreiben. Dabei ist die Regel denkbar einfach: Ganze Sätze beginnen wir groß, einzelne Wörter oder Wortgruppen hingegen klein.

Der Vorstand gibt bekannt: Der Umsatz fiel im letzten Quartal um 12 %.
Die Belegschaft reagiert darauf wie üblich: mit Panik.

[D] Ein *Homonym* ist ein Wort, das bei gleicher Schreibweise mehrere Bedeutungen hat. Tau = Seil oder morgendliche Feuchtigkeit. Ball = Spielzeug oder Tanzveranstaltung. Nicht zu verwechseln ist das Homonym mit dem *Homophon*. Letzteres meint zwei Wörter, die man zwar gleich ausspricht, aber nicht gleich schreibt. Zum Beispiel: Lärche (Baum) und Lerche (Vogel).

Folgt nach der Ankündigung allerdings eine nachgestellte Erläuterung – zu erkennen an typischen Einleitungswörtern wie »und zwar«, »nämlich« oder »das heißt« – ist dem Doppelpunkt ein Komma vorzuziehen.[27]

Auf diese freche Bemerkung fand Anna nur eine Antwort, und zwar kommentarlos den Raum zu verlassen.
Auf diese freche Bemerkung fand Anna nur eine Antwort: kommentarlos den Raum zu verlassen.

Neben Ankündigungen hilft uns der Doppelpunkt auch bei Schlussfolgerungen. Man stelle sich vor, ein Theatergast wird nach der Vorstellung um seine Meinung gebeten. Kurzerhand fällt er sein Urteil: »Wie ich das Stück fand? In einem Wort: langweilig!« Die Schlussfolgerung kann natürlich genauso aus mehr als einem Wort bestehen. Der Theatergast könnte ja antworten: »Wie ich das Stück fand, will ich Ihnen verraten: Die schauspielerische Leistung war spektakulär, der Plot hingegen durchschnittlich.«

Und wie verträgt sich der Doppelpunkt mit anderen Satzzeichen, beispielsweise mit dem Punkt? Als Hauseigentümer erreichen mich regelmäßig Handwerkerrechnungen, bei denen ich manches Mal nicht nur aufgrund des Zahlungsbetrags stutze, sondern auch wegen der Zeichensetzung. Darauf sind Begriffe zu finden wie *Rechnungsnummer* (in abgekürzter Form), worauf dann ein Doppelpunkt folgt. Das kennst du bestimmt:

Rechnung Nr.: 14/2023   *Rechnungsnr.: 14/2023*

Dürfen die Damen und Herren des Handwerksbetriebes das? Ästhetisch mutet dieser Punktehaufen jedenfalls nicht an. Weder beim Duden noch beim Rat für deutsche Rechtschreibung wurde ich hierzu fündig. Aber Dr. Bopp[E] meint die Antwort zu kennen: In einem Beitrag aus dem Jahr 2015 bezeichnete er den Abkürzungspunkt als »sehr standhaft«. Soll heißen, der Punktehaufen ist wohl korrekt. Übrigens sei der Abkürzungspunkt ebenso standhaft neben anderen Satzzeichen, wie zum Beispiel dem Komma.[28]

1) Flexitarier essen Fleisch, Fisch, Eier ***etc.,*** *davon aber nur wenig und von hoher Qualität. Hauptsächlich ernähren sie sich pflanzlich.*
2) Wir sehen uns erst wieder am ***20.,*** *weil ich bis dahin verreist bin.*

Eine Ausnahme hiervon bildet der einfache Punkt. Trifft ein Abkürzungspunkt auf einen Satzschlusspunkt, so ersetzt ersterer letzteren. Woran das liegt, darüber mag man spekulieren. Meine These: Zwei Punkte verwechselt man leicht mit drei Auslassungspunkten (…). So passiert das nicht:

Der Täter war ein gewisser Markus K. Er saß über ein Jahr in Untersuchungshaft, bis ihn die Staatsanwaltschaft endlich seiner Tat überführen konnte. Und das gelang ihr am 02.07.

Wir bewegen uns hier zwar innerhalb des Regelwerks, aber etwas befremdlich wirkt dieser Stil schon. Ansichtssache! Viel entscheidender ist die Frage, welche stilistischen Kapriolen wir mit dem Doppelpunkt schlagen können. Interessiert dich vielleicht, ob wir ihn mehrfach innerhalb eines Satzes verbauen können? Das ist erlaubt! Denn der Doppelpunkt hat nicht den Charakter eines Satz-

---

[E] Dr. Stephan Bopp ist promovierter Linguist der Universität Zürich und beantwortet schon lange Fragen zur deutschen Grammatik. Früher konnte man ihn über den *Canoonet-Service* erreichen, aber seit 2020 arbeitet er mit *LEO.org* zusammen, wohin man fortan seine sprachlichen Anliegen adressiert.

schlusszeichens – wie wir wissen, kündigt er vielmehr etwas an. Und warum sollte er das nicht zweimal in einem Satz dürfen?

Zunächst rief ich: »Stopp!«, aber als er trotzdem weiter auf mich zuschritt, ergänzte ich energisch: »Sofort stehenbleiben!«

In der wörtlichen Rede mag das noch eine gewisse Dynamik vermitteln. Anders wirken mehrere Doppelpunkte in diesen Sätzen:

Aufgepasst: Die Frage lautet: Hilft Cola bei einer Magen-Darm-Grippe? Warte: Du sollst eines wissen: Cola ist Gift für den Darm, deshalb gilt: Trink lieber Kamillentee!

Richtig dosiert sorgen Kola[F] für Abwechslung. Ein Übermaß ist jedoch ungesund für einen Satz, genauso wie zu viel Cola fürs Kolon. Im schlimmsten Fall trinke ich als Leser Cola, während ich ein Dutzend Kola pro Absatz schlucken muss. Dies führt unweigerlich zu einer schweren Reizung meines Kolons, die nur noch ein Kamillentee lindern kann.

[F] So heißt das Kolon (der Doppelpunkt) im Plural.

Zusammenfassung

- Der Doppelpunkt heißt fachsprachlich Kolon. Er kündigt vor allem die wörtliche Rede an. *Die Internistin riet: »Trinke bei Grippe keine Cola!«*
- Ebenso kündigt der Doppelpunkt Textpassagen innerhalb eines Satzes an. *Folgender Rat: Du trinkst Tee statt Cola.*
- Wir schreiben nach einem Doppelpunkt groß, wenn ein ganzer Satz folgt. *Der Vorstand verkündet: Die Firma ist bankrott!*
- Folgen indessen einzelne Wörter oder Wortgruppen, schreiben wir klein weiter. *Es lag wie immer: am Umsatz!*
- Der Doppelpunkt dient uns auch bei Schlussfolgerungen. *Wie ich das Buch finde? In einem Wort: beschränkt!*
- Der Abkürzungspunkt steht unmittelbar vor dem Doppelpunkt. *Rechnung Nr.: 3/2023, Kunden-Nr.: 12345*
- Ebenso standhaft bleibt der Abkürzungspunkt vor Kommas. *Wir sehen uns erst am 3.4., bis dahin bin ich im Urlaub.*
- Mehrere Doppelpunkte in einem Satz sind zwar erlaubt, aber nicht unbedingt schön. *Aufgepasst: Die Frage lautet: Wie viele Einwohner hat die USA?*

3.4 Der Koala und das Semikolon

Wie nennt man ein halbes Kolon? Semikolon. Wie nennt man zwei halbe Kola? Semikola. Und wie bitte nennt man einen halben Koala? Semikoala! Falls der Tierschutzbund semibegeistert mitliest: Ich teile Koalas nur figurativ in zwei Hälften. In der Realität würde ich sie lediglich entführen, um sie dann in ein fremdes Ökosystem einzuführen. Zum Beispiel in Grainau. Es wäre doch zu drollig mitanzusehen, wie der kleine Freund mit der Zugspitzbahn fährt. Dann wäre mir die Berg- und Talfahrt sogar die 63 Euro wert!

Ein Ereignis, dessen Wahrscheinlichkeit in etwa jener entspricht, Semikola in deutschen Texten anzutreffen. Äußerst schade, denn sie sind eine stark unterschätzte und darum gefährdete Spezies. Aber warum? Vielleicht weil wir aufgrund von Unsicherheit entweder zum Punkt oder zum Komma tendieren. Und exakt dazwischen liegt die Funktion des Semikolons. Es trennt stärker als ein Komma, aber nicht so stark wie ein Punkt; deshalb sieht es nach einer Mischung beider aus und trägt den Zweitnamen *Strichpunkt*.

Das wohl seltenste Ereignis auf diesem Planeten.

Zunächst die Regeln

Allem voran ist das Semikolon ein fakultatives Zeichen, das heißt, seine Verwendung ist immer freiwillig. Entscheiden wir uns dafür, gelten zwei Regeln:

1) Nach dem Semikolon schreiben wir klein weiter. Substantive und andere großgeschriebene Wörter sind hiervon selbstverständlich ausgenommen.
2) Das Semikolon hat einen nebenordnenden Charakter. Das bedeutet, es verbindet niemals Haupt- und Nebensätze.

Ich behaupte aber mal, wir haben für Regelverstöße ein feines Gespür. Denn bei folgenden Sätzen merken wir instinktiv, dass etwas im Argen ist.

Falsch: *Heute Abend gehen Martin und ich auf das Paderborner Volksfest »Libori«;* ***Wie*** *immer haben wir uns vorgenommen, höchstens zwei Bier zu trinken.*

Falsch: *Das beliebte Fest musste zwei Jahre in Folge ausfallen;* ***weil*** *Covid 19 grassierte.*

Stattdessen fällt unsere Wahl im ersten Fall auf einen Punkt, im zweiten auf ein Komma. So, damit wissen wir nun, wie sich das Semikolon nicht einsetzen lässt. Kommen wir endlich dazu, wie wir es nutzen können.

Wozu uns das Semikolon nützt

Sinnvoll ist es in langen Aufzählungen, wo wir Gruppen bilden wollen. Denken wir erneut an den Koala und sagen, die Einführung in Grainau missglückte. Tierschützer fingen den frierenden Koala am Gipfelkreuz der Zugspitze ein und eskortierten ihn auf direktem Wege in den Münchner Zoo; ich durfte meinen pelzigen Freund trotz illegalen Einfuhrversuchs in sein Gehege begleiten. Anschließend schaute ich mich ein bisschen um:

Der Münchner Zoo bot mir Koalas, Kängurus und Emus; Löwen, Leoparden und Hyänen; Lamas, Alpakas und Anakondas; außerdem Berglöwen, Klapperschlangen und Grizzlys.

Welcher Logik folgen diese Gruppen? Folgendes Angebot: Gib dich der Kontemplation hin, und falls du nicht darauf kommst, findest du die Lösung am Ende des übernächsten Kapitels. Moment, das stimmt nicht. Dort findest du die Lösung ohnehin, unabhängig davon, ob sie dir vorher im Geiste erscheint.

Neben Aufzählungen profitieren auch Hauptsätze von einem Semikolon. Und zwar wann immer uns ein Komma nicht stark genug, aber ein Punkt zu schwach erscheint.

Der Koala hätte gern die Zugspitze erklommen; aber am Ende landete er im Münchner Zoo.
Ich bin oft tief in Gedanken versunken; allerdings kommt nur selten etwas Kreatives dabei heraus.
Benjamin fährt morgen nach Magdeburg, um seinen Junggesellenabschied zu feiern; sein Bruder Christian hat schon alles vorbereitet.

Sinnvoll scheint das Semikolon vor allem in der letzten Konstruktion. Es verdeutlicht, dass der Nebensatz »um seinen Junggesellenabschied zu feiern« inhaltlich zum ersten Hauptsatz gehört. Mit einem Komma wäre die Bindung zum zweiten Hauptsatz zu eng, immerhin befindet sich zwischen den beiden Hauptsätzen ein Zeitsprung. Ein Punkt wiederum würde die Bindung gänzlich auflösen, was wir auch nicht wünschen, denn die Vorbereitung ist nun einmal fester Bestandteil des Junggesellenabschieds.

Wie du merkst, können wir uns das Semikolon jederzeit schönreden. Aber gibt es auch Hinweiswörter, die uns das Schreiber-Leben[G] leichter machen? Der Duden meint, das Semikolon stehe häufig vor Adverbien und Konjunktionen wie *allein, aber, deswegen, deshalb, daher, darum, denn, doch.*[29] Und da wir schon dabei sind, erlaube ich mir die folgenden nebenordnenden Vertreter zu ergänzen: *ausgenommen, außer, dann, ferner, geschweige, jedoch, vielmehr.*

Mit der stilistischen Brille auf der Nase sollten wir uns schwer für einen größeren Verbreitungsradius der Semikola einsetzen. Sie sorgen für mehr Abwechslung und vermitteln unseren Leserinnen und Lesern, dass wir uns Gedanken über die Satzstruktur oder über sinnvolle Wortgruppen machen. Außerdem haben wir doch nur so wenige Zeichen in der deutschen Sprache; es wäre ein echter Jammer, wenn sich ihre Zahl weiter dezimierte!

Wie ich neulich erfuhr, sind die Koalas mittlerweile vom Aussterben bedroht. Ihr Bestand sei wegen Dürren, Bränden und Abholzung so stark geschrumpft, dass sie bis 2050 ausgestorben sein könnten.[30] Diese genügsamen Erdbewohner zu verlieren, wäre ein noch größerer Jammer. Deshalb scheint die Einführung in ein fremdes Ökosystem gar nicht die schlechteste Lösung; aber erwischen lassen sollten wir uns nicht!

G Hier haben wir wieder ein zusammengesetztes Wort, das von einem Bindestrich profitiert. Ohne den Bindestrich bleibt unklar, ob das Schreiber-Leben oder das Schreib-Erleben gemeint ist.

Zusammenfassung

- Das Semikolon ist ein freiwilliges Zeichen, das stärker als ein Komma, aber schwächer als ein Punkt trennt.
- Es behandelt Sätze gleichrangig, das heißt, es steht niemals zwischen Haupt- und Nebensatz. Falsch wäre: *Der Koala fror auf der Zugspitze; weil sein Fell nicht dick genug war.*
- Es verbindet Hauptsätze, zwischen denen wir eine kurze Pause erzeugen wollen: *Die Grainauer freuten sich über den Besuch des Koalas; aber der Tierschutzbund war nicht begeistert.*
- Das Semikolon kann auch die Zugehörigkeit eines Nebensatzes verdeutlichen: *Ich führte den Koala ein, um ihm die Nordhalbkugel zu zeigen; doch seine Reise war nur von kurzer Dauer.*
- Besonders sinnvoll scheint das Semikolon vor Hauptsätzen, die mit Wörtern wie *allein, aber, deswegen* oder *doch* beginnen.
- In Aufzählungen können wir mit dem Semikolon Sinngruppen bilden: *In Australien leben Braunschlangen, Taipane und Tigerottern; Wolfs-, Rotrücken- und Trichterspinnen.*

3.5 Intensive Gedankenstriche

Schon mal von der Epiphrase gehört? Bei dieser Stilfigur handelt es sich um einen »Nachtrag zu einem an sich abgeschlossenen Satz, um diesen zu verstärken oder noch mehr zu verdeutlichen«.[31] Und für diese Aufgabe scheint ein Zeichen prädestiniert – der Gedankenstrich[H].

Unlängst hat sich Martin den kleinen Zeh an der Duschtür gestoßen – er ist gebrochen!
Seit er eine Abteilung leitet, ist Alex sichtbar gealtert – das verrät die feine Haut unter seinen Augen.
Das junge Unternehmen hält Gutscheine für eine kluge Marketingstrategie – ein kapitaler Irrtum.
Wir bestiegen den Berg bei herrlichem Sonnenschein – urplötzlich zog ein Gewitter auf.

Der Gedankenstrich hilft uns dabei, etwas Weiterführendes anzukündigen oder eine unerwartete Wendung einzuleiten. Aber was hat er überhaupt mit unseren Gedanken zu tun? Unsere Sätze enthalten schließlich immer Gedankengut, das wir in Worte gefasst haben, nicht wahr? Vermutlich nennen wir ihn so, weil uns der Gedankenstrich mehr als andere Satzzeichen zum gedanklichen Verweilen einlädt. Wir halten inne und vertiefen die Situation. Anschließend werden wir zur eigentlichen Aussage weitergeleitet. Kommas kommen dafür zwar ebenso in Frage, jedoch fassen unsere Augen die Unterbrechung mit Gedankenstrichen weniger abrupt auf – sie wirkt harmonischer:

[H] Man nennt ihn auch Halbgeviertstrich oder Langstrich. Er ist unbedingt von dem nur halb so langen Bindestrich zu unterscheiden. Letzterem habe ich ein eigenes Kapitel gewidmet, und zwar: »Nie wieder Bindungsangst!«

Erik – ein junger Student von 23 Jahren – ist verliebt in eine hübsche Blondine namens Christina.
Ina verwünschte Stefan aufs Übelste – es fiel sogar das A-Wort! –, weil er sie mit einer anderen betrogen hatte.
Johann Wolfgang von Goethe – Dichter, Denker und Naturforscher – soll einen Wortschatz von gut 90.000 Wörtern gehabt haben.
Kraftübungen mit Eigengewicht – zum Beispiel Sit-ups, Liegestütze oder »Bergsteiger«[1] – sind körperschonend und doch wirksam.

Für mein Empfinden intensivieren Gedankenstriche den Einschub. Dank ihnen werden die Zusatzinformationen stärker betont, wobei man diese Abgrenzung vom eigentlichen Satz natürlich wollen muss. Solange der Einschub aber kurz genug ist, sehe ich kein stilistisches Problem.

Wie das zweite Beispiel zeigt, kann der Gedankenstrich durchaus von einem Ausrufezeichen begleitet werden – nach dem wir bitte klein weiterschreiben! Es dient nur dazu, den eingeschobenen Ausruf zu kennzeichnen, und hat nichts mit dem Hauptsatz zu schaffen. Das mag im ersten Moment irritieren, da uns solche Spielereien nicht erlaubt wären, ersetzten wir die Gedankenstriche durch Kommas. Das werten wir als Beweis für die intensivere Wirkung von Gedankenstrichen; sie heben den Einschub auf eine höhere Ebene. Und diese Ebene lässt sich sauber aus dem ihr zugrundeliegenden Satz herauslösen, soll meinen: Die Kommasetzung bleibt hiervon unberührt. Sofern erforderlich, folgt das Komma unmittelbar nach dem zweiten Gedankenstrich. Über die Erforderlichkeit lässt sich allerdings streiten oder um die Worte meines Lektors und besten Freundes Moritz wiederzugeben: »Dieser Stil ist hässlich

[1] Die Gedankenstriche bieten sich hier besonders an, weil der Einschub aus einer Aufzählung besteht. Der »Kommastau«, der die Alternative wäre, würde den Satz verstopfen und stände damit dem Lesefluss im Weg.

und kann immer durch eine Satzumstellung vermieden werden!« Dem stimme ich zu. Trotzdem liefere ich dir der Vollständigkeit halber ein paar Beispiele:

Morgen wird es brütend heiß – über 40 Grad –, das schreit förmlich nach einer Klimaanlage!
In letzter Zeit denke ich häufiger an Herrn Fricke – meinen Klassenlehrer in der Realschule –, weil er mir kürzlich ein altes Deutschheft schenkte.
Peter forderte Max zu einem Duell heraus – Mano-a-Mano –, da er seine Possen endgültig satthatte.

Damit sollten uns im Zusammenhang mit dem Gedankenstrich keine Kommafehler mehr unterlaufen – was oberstes Ziel dieses Werks ist. Eine stilistische Möglichkeit blieb aber bisher unerwähnt: Der einzelne Gedankenstrich kann uns dabei helfen, einen Satzschluss zu betonen, sodass die Szene dramatischer und mitreißender wirkt:

Sie fiel hinab in die Tiefe und sah – ein Licht.
Deine These ist – äußerst steil.
Wir nahmen uns Großes vor und – versagten.

Es ist uns erlaubt, selbst einzelne Wörter hervorzuheben, um die gewünschte Wirkung zu erzielen. Erfüllt ein Doppelpunkt nicht denselben Zweck? Annähernd. Im Unterschied zum Doppelpunkt erzeugt der Gedankenstrich eine längere Pause, weil er stärker trennt. Betrachte diese Methode einfach als zusätzlichen Pfeil in deinem Köcher voller Stilmittel. Ebenfalls im Köcher befindet sich der *Spiegelstrich*, der ein Ebenbild des Gedankenstrichs ist und mit dessen Hilfe wir unter anderem Anweisungen gliedern können:

Unser Plan: Treffen um 10 Uhr – gemeinsames Frühstück – Verdauungsspaziergang – Ferienhaus beziehen – in Badekleidung schlüpfen – feiern und Spaß haben.
Bei drei bist du gefälligst hier: eins – zwei – drei!

Bitte widerstehe der Versuchung, für derartige Aufzählungen zum kürzeren Bindestrich zu greifen. Auf seine Hilfe kannst du nicht zählen! Ebenso wenig hilft er dir bei Titeln oder Werbebotschaften, wo wir erneut den Gedanken- respektive Spiegelstrich benötigen:

Titel: Koloskopie – Eine Reise durch mein Innerstes
Werbung: frech – fruchtig – frohgemut

Abschließend weise ich darauf hin, dass sowohl Titel als auch Werbebotschaft frei erfunden sind. Es wäre allerdings ein Hochgenuss, eines Tages das Adjektiv »frohgemut« auf einer Tüte mit lachenden Fruchtgummis zu lesen. Aber ich denke, so weit wird es wohl nicht kommen.

Zusammenfassung

- Den Gedankenstrich nennt man auch Halbgeviertstrich. Er ist doppelt so lang wie der Bindestrich.
- Einschübe mit Gedankenstrichen fassen unsere Augen weniger abrupt auf; Kommas stören den Lesefluss mehr.
- Besonders vorteilhaft sind Gedankenstriche bei einer Aufzählung im Einschub, weil wir so einen »Kommastau« vermeiden: *Leonardo da Vinci – leidenschaftlicher Maler, Bildhauer, Architekt und Ingenieur – war ein Universalgelehrter.*
- Zudem lässt sich mit einem einzelnen Gedankenstrich etwas Weiterführendes oder Unerwartetes ankündigen: *Ole saß im Garten und las Zeitung – da verschluckte ihn ein Erdrutsch.*
- Und wir können mit ihm einen Satzschluss betonen, sodass die Szene dramatischer wirkt: *Der Pilot erwachte aus seinem Sekundenschlaf und blickte – in ein Wurmloch.*
- Der Spiegelstrich sieht aus wie der Gedankenstrich und hilft uns bei Gliederungen: *So heißen die Wochentage auf Spanisch: lunes – martes – miércoles – jueves – viernes – sábado – domingo.*

3.6 Die lässt sich klammern

Als ich in der fünften Klasse war, scheute ich am meisten den Musikunterricht. Ich besuchte damals die Orientierungsstufe, eine eigene Schulform, in der sich Schülerinnen und Schüler nach der Grundschule in Richtung Gymnasium, Realschule oder Hauptschule »orientieren« sollten. In Wahrheit jedoch hatten sie sich eher zu qualifizieren als zu orientieren. So zumindest mein Eindruck.

Definitiv unqualifiziert sind bis heute meine musikalischen Fähigkeiten, und deshalb empfand ich den Musikunterricht stets als lästig. Man nötigte uns, Lieder der Beatles zu singen, im Kreis zu tanzen und allerlei Musikinstrumente auszuprobieren. Das einzige Instrument, das ansatzweise Euphorie in mir freisetzte, war ein Bass-Klangbaustein. Du weißt schon: Das sind diese Resonanzkästen aus Holz, die einen dumpfen Ton erklingen lassen, sobald man sie mit einem Schlägel in Schwingung versetzt. Die hatten was! Dennoch war ich jedes Mal frohgemut, wenn die Pausenglocke läutete. Nur hatte der Musikunterricht einen weiteren Haken: Wir mussten den ganzen Kram erst wieder in die Schränke räumen, bevor wir den Raum verlassen durften. Und dieser Tätigkeit kam ich mit großem Elan nach, eines Morgens mit etwas zu großem Elan.

Während ich mit dem Bass-Klangbaustein in den Händen in Richtung Schrank jagte, stolperte ich über ein Kabel, das zu einer E-Gitarre gehörte. Ich stürzte zu Boden und schlug mit der Oberlippe auf die Kante des Instruments auf, die einen sauberen Cut am linken Rand meines Philtrums[J] hinterließ. Es blutete wie Sau! Höchstempathisch machte mir mein Musiklehrer Mut: »Christian, das muss garantiert genäht werden.« Klasse, genau das wollte ich hören. Dass mir jemand mit Nadel und Faden im Gesicht herum-

---

[J] Philtrum nennt man die vertikale Rinne zwischen Nase und Mund.

fuhrwerkt. Im Gesicht! Zu meinem Glück vertrat der Arzt eine andere Meinung: »Die Platzwunde ist so sauber, die lässt sich klammern.« Klammern? Die kannte ich damals nur aus Deutsch und Mathe. Aber seit jenem Tag weiß ich, dass man mit einem Klammerpflaster auch die Wundheilung unterstützen kann.

Dieser Vorfall lässt sich folgendermaßen deuten: Das Universum ließ mich wissen, dass Musik für mich zur Gefahr würde, sollte ich mich darin versuchen. Und damit gab es mir auf subtile Weise zu verstehen, mich an etwas anderes zu klammern. Vielleicht an die Mathematik? Oder ans Deutsche? Schon damals hätte ich ahnen können, dass mein Fachgebiet eines Tages die deutsche Sprache sein würde. Doch weder mein Lehrer noch ich entdeckte diese »Orientierung«.

Klammern in der deutschen Sprache

Was in Klammern steht, sei überflüssig, lautet eine gängige Meinung. Dem widerspreche ich. Die deutsche Sprache ist viel zu komplex, als dass eine solche Pauschalaussage einer kritischen Beurteilung standhalten könnte.

Mit runden Klammern lassen sich (wie mit Gedankenstrichen) Einschübe darstellen. Sie stellen damit eine weitere Ausweichmöglichkeit zum paarigen Komma dar und besitzen ihm gegenüber einen entscheidenden Vorteil: Unser Lesefluss wird weniger gestört! Hierzu ein kleiner Test für deine Augen. Bitte beurteile, welche der Varianten dir flüssiger vorkommt:

1) *Bei nächtlichem Heißhunger sind fettspendende Lebensmittel (also Currywurst, Pommes, Tiefkühlpizza oder Döner) unabdingbar!*
2) *Bei nächtlichem Heißhunger sind fettspendende Lebensmittel, also Currywurst, Pommes, Tiefkühlpizza oder Döner, unabdingbar!*

Ist der Einschub im ersten Satz für dich auch leichter zu überblicken? Dann geht es dir wie mir, denn meine Augen fühlen sich von den vielen Kommas im zweiten Satz belästigt. Sie geraten ins Stocken. Nun könnten Kritiker anbringen, dass sich der Satz mit »wie« anstelle von »also« erheblich aufwerten ließe, nämlich weil dann zwei der Kommas entfallen würden. Und tatsächlich wirkt der Satz dadurch schlanker:

Bei nächtlichem Heißhunger sind fettspendende Lebensmittel wie Currywurst, Pommes, Tiefkühlpizza oder Döner unabdingbar!

Was hier noch als charmante Lösung erscheint, verliert jedoch bei längeren Sätzen seine Wirkung. Bitte bewerte erneut, welche Version die harmonischere ist:

1) *Am nächsten Morgen, wenn mir die sündhaften Lebensmittel (Currywurst, Pommes, Tiefkühlpizza oder Döner) noch immer wie Blei im Magen liegen, ärgere ich mich, dass ich ihnen nicht wenigstens einen Snack mit gesunden Fetten (Walnüsse, Cashews, Kürbiskerne oder Oliven) vorgezogen habe.*
2) *Am nächsten Morgen, wenn mir die sündhaften Lebensmittel wie Currywurst, Pommes, Tiefkühlpizza oder Döner noch immer wie Blei im Magen liegen, ärgere ich mich, dass ich ihnen nicht wenigstens einen Snack mit gesunden Fetten wie Walnüsse, Cashews, Kürbiskerne oder Oliven vorgezogen habe.*

Meine Augen werden von der ersten Variante weniger strapaziert, dank der Klammern schnappe ich die Begriffe schneller auf. Das gelingt bei der zweiten Variante weniger gut, denn hier vermissen meine Augen die klar abgegrenzten Gruppen. Ich bin gezwungen, den mehrteiligen Satz vollständig zu lesen, der aufgrund von zwei Aufzählungen holprig und langatmig wirkt.

Aus meiner Sicht stellen Gedankenstriche in den meisten Fällen die stilistisch hochwertigere Alternative dar. Jedoch sind Klammern (besonders bei kurzen Einschüben) eine willkommene Abwechslung. Erneut ist es eine Frage des Duktus, denn freiwillig sind sie beide – Gedankenstriche wie Klammern.

Wie man klammern darf

Doch vernachlässigen wir die optische Erscheinung für eine Weile und beschäftigen uns stattdessen mit den Regeln. Welche Satzzeichen dürfen innerhalb der Klammer stehen? Wie bei der Verwendung von Gedankenstrichen gilt, dass Text in Klammern durchaus mit einem Ausrufe- oder Fragezeichen enden kann:

Angeblich eignet sich Sekundenkleber dazu, Schnittwunden zu schließen (wie wohl die Meinung eines Facharztes hierzu ist?), wenn man kein Pflaster zur Hand hat.
Hört die Wunde nicht zu bluten auf, fahre ich (am besten lasse ich mich fahren!) ins Krankenhaus.
Hört die Wunde nicht zu bluten auf, fahre ich ins Krankenhaus (am besten lasse ich mich fahren!).

Das Ausrufe- bzw. Fragezeichen steht stets innerhalb der Klammer, ungeachtet des Punktes am Satzende. Aber dürfte in der Klammer auch ein Punkt stehen? Steffi Staaden schreibt in ihrem hilfreichen Werk *Rechtschreibung und Zeichensetzung endlich beherrschen*, es werde »kein Punkt innerhalb der Klammer gesetzt, auch nicht wenn es sich um einen ganzen Satz handelt«.[32] Und das stimmt, solange der eingeklammerte Satz fester Bestandteil eines anderen ist. So wie hier:

Linda (sie ist mittlerweile 42 Jahre alt) läuft unter 45 Minuten auf 10 Kilometer. Eine hervorragende Zeit!

Sobald der Satz hingegen losgelöst dargestellt wird, darf sich innerhalb der Klammer sehr wohl ein Punkt befinden. Zumindest nach Sicht des Rats für deutsche Rechtschreibung.[33]

Linda läuft unter 45 Minuten auf 10 Kilometer. (Sie ist mittlerweile 42 Jahre alt.) Eine hervorragende Zeit!

Ich kann mir aber gut vorstellen, warum die gute Frau Staaden darauf verzichtet hat, auf diesen Sonderfall hinzuweisen – dieser Stil ist eigenwillig! Ein so positionierter Klammersatz kann sich des Vorwurfs der Überflüssigkeit nur schwer erwehren. Das Alter sollte ja ohnehin keine Rolle spielen. Linda ist so alt, wie sie sich fühlt, und sie fühlt sich offenbar großartig!

Eckige Klammern

Wann werden Klammern eckig? Kann ich sie statt runder Klammern einsetzen? Nein, das wäre ungeschickt. Oder um es mit anderen Worten auszudrücken: Die Sätze lesen sich dadurch irgendwie eckig. Eckige Klammern bleiben weitestgehend den wissenschaftlichen Arbeiten vorbehalten. Dort nutzen wir sie in Zitaten, und zwar wo immer wir das Zitat abkürzen, mit eigenen Worten bereichern oder einen Fehler des Autors korrigieren wollen. Für die Abkürzung dienen uns die sogenannten *Auslassungspunkte.*

Abkürzung: »Tatsächlich nutzte das US-Militär Cyanacrylat-Spray im Vietnamkrieg zur Behandlung großflächiger Wunden […]. Am besten geeignet ist der Superkleber allerdings zum Schließen von Schnittwunden.«

Ergänzung: »Tatsächlich nutzte das US-Militär Cyanacrylat-Spray [Cyanacrylat ist Bestandteil vieler Sekundenkleber] im Vietnamkrieg zur Behandlung großflächiger Wunden, deren Blutung man damit schnell zum Stillstand brachte. Am besten geeignet ist der Superkleber allerdings zum Schließen von Schnittwunden.«[34]

Dank dieser probaten Methode weiß jeder, wo wir etwas entfernt respektive was wir ergänzt haben. Abenteuerlich ist indessen die Idee des Dudens, wir könnten auch runde mit eckigen Klammern kombinieren. Und zwar in Sätzen, wo bereits Erläuterungen in runden Klammern stehen, die nochmals näher erläutert werden sollen. Eine Erläuterung in der Erläuterung sozusagen:

Eine tiefe Wunde (abgeleitet vom althochdeutschen »wunta« [offene Körperverletzung]) sollten wir schnellstmöglich versorgen, um Infektionen vorzubeugen.

Dieser Stil erinnert an die russischen Matrjoschkas, die geschachtelten Puppen, die uns ebenfalls nur zögerlich ihre Existenz preisgeben. Nach und nach offenbart uns der Satz, was in ihm steckt. Dafür müssen wir ihn nur mit unseren Augen in seine Bestandteile zerlegen, und genau das kann mühsam sein. Zum Glück aber können wir Sätzen (sie sind eben keine Matrjoschkas) keine dritte Ebene mehr hinzufügen, weil dafür schlicht die Satzzeichen fehlen. Eine positive Nachricht, denn andernfalls entständen Verschachtelungen, die sich endgültig ad absurdum führten. Moment, was schreibe ich denn da! Uns bleiben ja immer noch die geschweiften Klammern, die liebend gern aus der drögen Mathematik auf einen Sprung in die erfrischende Interpunktion vorbeikommen:

Eine tiefe Wunde (abgeleitet vom althochdeutschen »wunta« [offene Körperverletzung {unbedingt abzugrenzen von »inneren Verletzungen«}]) sollten wir schnellstmöglich versorgen, um Infektionen vorzubeugen.

Wie bei einer vernünftigen Excel-Formel müssen wir darauf achten, am Ende wieder alle Klammern zu schließen. Und zwar in der richtigen Reihenfolge! Denn was erhalten wir sonst? Richtig, eine Fehlermeldung im Gehirn. Die Augen melden allerdings selbst bei tadelloser Klammerung einen Fehler. Und das macht auf Dauer krank, oder wie man noch sagen könnte: sick.

Zu unterscheiden ist »sick« vom deutlich kürzeren »sic«, das nicht englischen, sondern lateinischen Ursprungs ist. Es bedeutet frei übersetzt »so steht es tatsächlich im Text«.[35] Wir können damit Fehler in Zitaten (auch inhaltliche), außerdem eigene Passagen kenntlich machen, die im ersten Moment fragwürdig erscheinen:

Rechtschreibfehler: »Der Überfall auf die hiesige Bank ging am hellichten[K] [sic] Tag vonstatten.«
Inhaltlicher Fehler: »Sekundenkleber kann keine Hautreizungen hervorrufen [sic].«
Fragwürdige Passage: »Nach ein paar Tagen löst sich der Sekundenkleber auf der Haut von allein auf [sic].«

Ob das »sic« von runden oder eckigen Klammern begleitet wird, bleibt uns überlassen – es ist eine Stilfrage. Ferner dürfen wir den Hinweis um ein Ausrufezeichen erweitern, damit er mehr auffällt. Das sind die zulässigen Schreibweisen: *(sic), (sic!), [sic], [sic!]*.[36]

K Das Adjektiv »helllicht« schreibt man tatsächlich mit drei »l«. Zwei davon kommen von »hell«, das dritte von »Licht«. Ein Bindestrich scheint sinnvoll, um das Leseerlebnis aufzuwerten: *hell-licht*

Bei diesem ganzen Geschreibe über Klebstoff, Wundheilung und Sic(k)-ness wurde mir klar, wie heilfroh ich bin, dass mir mein Musiklehrer damals nicht vorschlug: »Christian, die Blutung müssen wir schleunigst mit Sekundenkleber stoppen!« Denn hätte er mir diesen Vorschlag unterbreitet, würde ich heute nicht nur kein Instrument spielen, sondern vermutlich bei jedem Basston schreiend davonrennen (sic!).

Zusammenfassung

- Klammern sind freiwillige Zeichen, wie Gedankenstriche.
- Wir unterscheiden runde und eckige Klammern.
- Mit runden Klammern können wir Randnotizen einschieben, insbesondere kurz gehaltene: *In Schnittwunden hat Sekundenkleber (genauso wie Klebeband) nichts verloren!*
- Runde Klammern stören den Lesefluss zwar weniger als Kommas, dennoch sind Gedankenstriche in den meisten Fällen die hochwertigere Wahl.
- Mit eckigen Klammern kennzeichnen wir Auslassungen und Ergänzungen in Zitaten.
- Mit einem [sic] markieren wir inhaltliche oder sprachliche Fehler in Zitaten: »*Es ereiknete [sic] sich gestern.*«

Auflösung des Rätsels aus dem vorletzten Kapitel

Die Tiere sind nach Kontinenten sortiert. Koalas, Kängurus und Emus treffen wir in Australien an; Löwen, Leoparden, Elefanten und Hyänen in Afrika; Lamas, Alpakas und Anakondas in Südamerika; Berglöwen, Klapperschlangen und Grizzlys in Nordamerika. Es liegt auf der Hand: Selbst bei der Auflösung von Rätseln leisten Semikola wertvolle Dienste!

3.7 Thor und die Apostrophitis

Unlängst besuchte ich mit meiner Verlobten den Bryce Canyon Nationalpark im Süden von Utah. Die Natur bot uns eine filmreife Kulisse; ganz besonders hob sich ein imposanter Fels namens »Thor's Hammer« hervor. Dieser Name wurde ihm zuteil, weil er bei genügend Fantasie an »Mjölnir« erinnert, an ebenjenen Hammer, dessen nur der Donnergott höchstpersönlich würdig ist. Doch der Fels vermittelte uns noch eine weitere Botschaft: Die Amerikaner verwenden den Apostroph, um einen Besitz anzuzeigen. Es gilt dort als üblich, das Genitiv-s zu apostrophieren. Und diese fragwürdige Technik ist gemeinsam mit etlichen Anglizismen von der anderen Seite des Atlantiks zu uns herübergeschwappt.

Für uns Deutschsprachige gelten jedoch die heimischen Regeln, ganz egal, wo wir gerade Deutsch sprechen. Und die besagen: Wir zeigen den Besitz überwiegend frei von Apostrophen an! Wenn ich also im Bryce Canyon die Felsformationen ablichte und dabei mein Smartphone unglücklich zu Boden fällt, dann hat anschließend *Christians* Smartphone einen Riss im Display, nicht *Christian's*.

Christians Smartphone fällt vor Thor's Hammer ehrfürchtig zu Boden.

Das liegt daran, dass mein Name nicht auf »s«, »z«, »ß«, »x« oder »ce« endet. Eine Person, auf die das zutrifft, darf hingegen auch im Deutschen apostrophieren, damit der Genitiv sichtbar wird:

Doris' Smartphone ging zu Bruch.
Moritz' Nokia 3210 gibt den besten Hotspot.
Maurice' liebstes Kommunikationsmittel ist die Brieftaube.

Gefiele den Personen das Hochkomma jedoch nicht, weil sie es als eine Verunstaltung ihres Namens ansähen, könnten sie den Satz umstellen. Folgende Versionen stehen im Genitiv (links) beziehungsweise im Dativ (rechts) und benötigen keinen Apostroph. Er wäre hier sogar falsch:

Das Smartphone der Doris / von Doris ging zu Bruch.
Das Nokia 3210 des Moritz / von Moritz gibt den besten Hotspot.
Das liebste Kommunikationsmittel des Maurice / von Maurice ist die Brieftaube

Gerade die Dativversion erfreut sich steigender Beliebtheit, was wohl in einer instinktiven Genitivabneigung begründet liegt. Allerdings haben diese Versionen einen deutlichen Nachteil: Sie sind ziemlich lang! Das wird überall dort zum Problem, wo Platzmangel herrscht; beispielsweise auf Plakaten, Werbetafeln oder Schildern. Also greifen wir doch wieder auf den abgekürzten Genitiv zurück? Unbedingt! Denn Buchstaben sind Energie, und Energie wird immer kostbarer.

Doch dafür benötigt der Genitiv aus den bekannten Gründen bei einigen Namen den Apostroph. Manchmal springt dieser sogar bei Namen ein, die nicht auf »s« oder einen ähnlichen klingenden Konsonanten enden. Nämlich wenn die Namen ohne seine Anwesenheit missverständlich wären. Wenn beispielsweise *Jule* eine Taverne in Berlin Mitte eröffnet, so tauft sie diese am besten auf *Jule's Taverne,* und zwar weil sie sonst auch *Jules* zugeschrieben werden könnte, was *Jule* garantiert vermeiden will. Klar, nach den Regeln der Interpunktion müsste *Jules* seinen Besitz zwar mit einem Apostroph nach dem »s« anzeigen, aber vielleicht denken die Gäste des Wirtshauses nicht so weit? Außerdem könnte der Apostroph ja auch Wind und Wetter zum Opfer gefallen sein. Es wäre ja nicht das erste Mal, dass Buchstaben auf Anzeigetafeln fehlen.

In das gleiche Dilemma könnte mein Studentenfreund *Janni* (Spitzname für Jan) schlittern, der damit liebäugelt, einen Aufklärungspodcast für Erwachsene zu betreiben. Würde er ihn beispielshalber *Jannis Schäferstündchen* nennen, schriebe man den Erfolg möglicherweise *Jannis* zu. Ergo betitelt er seinen Podcast besser mit *Janni's Schäferstündchen,* dann gibt's auch keine Missverständnisse.

Außerdem finden wir den Apostroph, der am Rande bemerkt den Beinamen »Auslassungszeichen« trägt, überall dort, wo wir Buchstaben auslassen. Zwar eher ein Phänomen der gesprochenen Sprache, aber manchmal wollen wir eben schreiben, wie wir sprechen. Es liest sich dann authentischer, was zum Beispiel in Dialogen sinnvoll scheint: »Wie läuft's bei dir?« – »Das war vielleicht 'n grausiger Tag!« – »Was war'n los?« – »Man wollte mich auf'm Ku'damm bestehlen.« – »Nicht dein Ernst?« – »Doch, ich stand an der Fußgängerampel, als mir so 'n Vogel in die Tasche griff.« – »Was für 'ne miese Masche!« – »Als ich's bemerkt habe, habe ich ihm eine vorn Latz g'knallt.« – »So ist's recht!«

Bitte verzeih diese übertriebene Darbietung. Die inflationäre Verwendung von Apostrophen ist kein Augenschmaus, sondern eher ein Graus! Betrachte den Dialog deshalb nur als verdeutlichendes Lehrmittel. Und was verdeutlicht es hinsichtlich der Leerzeichen vor dem Apostroph? Manchmal ist es da, manchmal nicht. Zu einer eindeutigen Aussage will sich hierzu (zumindest meiner Recherche nach) niemand versteigen. Gewiss ist jedoch: Ersetzt der Apostroph einen oder mehrere Buchstaben innerhalb eines Wortes, setzen wir kein Leerzeichen. Folglich schrumpft der »Kurfürstendamm« auf den »Ku'damm« und nicht auf den »Ku 'damm«. Ebenfalls als sicher gilt: Folgt nach dem Apostroph ein »s« wie in »Wusste ich's doch!«, »Geht's noch?« oder »Versuch's halt!«, verzichten wir besser auch auf das Leerzeichen. Laut Duden braucht es in diesen Fällen nicht einmal einen Apostroph, denn hier wird das Pronomen »es« verkürzt, woraus eine ähnliche Verschmelzung wie bei den Wörtern *aufs (auf das), durchs (durch das), hinters (hinter das), fürs (für das), ins (in das), übers (über das), unters (unter das), vors (vor das)* und so weiter resultiert. Diese Fügungen sind so fest miteinander verbunden, dass der Apostroph hier sogar falsch ist.[37] Demnach könnte der fast Bestohlene in meinem Dialog dem Dieb alternativ was »vors«, aber nicht »vor's« Fressbrett knallen. Denn dieses Grammatikvergehen ließe sich im Gegensatz zum Knall nicht mehr mit Notwehr begründen.

Und wie du bestimmt bemerkt hast, fehlt nach demselben Prinzip der Apostroph in »vorn«. Warum? Gute Frage! Ich würde ja argumentieren, dass die Präposition »vor« mit dem Artikel »den« zu einer ebenso festen Fügung verschmilzt. Allerdings erschließt sich mir keineswegs, warum das offensichtlich nicht für die Wortkombinationen »auf dem« sowie »mit dem« gilt. Beim Rat für deutsche Rechtschreibung nämlich fährt man »mit'm Fahrrad«, während man beim Duden »auf'm Tisch« sitzt.[38] Ich wiederum sitze hier ohne Rad ratlos am Schreibtisch!

Verbotene Apostrophe

Blenden wir solche Grenzfälle für einen Moment aus und beleuchten die eindeutigen Verbote. Da draußen grassiert die Apostrophitis, ein ernstzunehmendes Leiden, dessen Symptom die Apostrophierung von allerlei Wörtern ist. Erkrankte rufen Taxi's, bestellen Pizza's, zeugen Baby's, gründen GmbH's, verdienen Euro's, kaufen Laptop's, verschicken E-Mail's, ja sie führen nach Feierabend sogar ihre Hundi's in Park's aus. Aber anstatt sie als Deppen abzustempeln, die »Deppenapostrophe« setzen, sollten wir sie lieber mit dem Hinweis kurieren, dass ein Plural-s niemals mit einem Apostroph abgegrenzt wird. Was übrigens für die englische Sprache gleichermaßen gilt.

Das Ganze kann im schlimmsten Fall so weit führen, das's die Ärmsten geradeau's fahren, anstatt link's abzubiegen, vor eine Haus'wand donnern und anschließend im Krankenhau's behandelt werden müssen. Dort werden sie mit dem Satz geheilt: »Nur weil ein Wort auf *-s* endet, hat es noch lange keinen Apostroph nötig!« Eine solche Offenheit ist allemal humaner, als wenn sich der »Bifröst«[L] öffnete und Thor zu uns herab ins Erdreich stiege. Denn dieser griffe zu seinem magischen Hammer und ließe ihn blitzend und donnernd kreisen! Ein Therapieansatz, der glücklicherweise nur selten vonnöten ist.

[L] Hiermit ist keine Kaffeeröstung mit Rindfleischaroma gemeint, sondern die Regenbogenbrücke zwischen Midgard und Asgard; ein prominenter Schauplatz in der nordischen Mythologie. Der Bifröst verbindet die Erdenwelt mit dem Himmelsreich.

Zusammenfassung

- Der Apostroph ist ein Auslassungszeichen.
- Im Englischen nutzt man den Apostroph, um einen Besitz anzuzeigen; das Genitiv-s wird dort stets apostrophiert.
- Für die deutsche Sprache gilt das jedoch nicht. Bei uns hängt das Genitiv-s lückenlos am Namen: *Christians Handy*
- Ausnahmen sind Namen auf »s«, »z«, »ß«, »x« oder »ce«, wo wir den Apostroph benötigen: *Tadeus' Taverne, Beatrix' Bar*
- Zudem dürfen wir den Apostroph bei Namen nutzen, die ohne Apostroph zweideutig wären: *Lukas' Lolli, Luka's Lolli*
- Wird der Genitiv anhand des Artikels deutlich, ist der Apostroph verboten: *Das ist das Haus des Klaus.*
- Verboten ist der Apostroph auch in festen Fügungen wie *aufs (auf das), ins (in das), fürs (für das)* oder ähnlichen.
- Und definitiv verboten ist der Apostroph im Plural: *Ich checke niemals meine E-Mail's, sondern immer brav meine E-Mails!*
- Bei Fügungen wie *Versuch's doch!* oder *Wusste ich's!,* wo wir das Wort »es« verkürzen, ist uns der Apostroph freigestellt.

3.8 Die Wahrheit über Gänsefüße

Text muss manchmal an- und abgeführt werden. An diesem Vorgang sind weder Rädelsführer noch Polizei beteiligt, sondern An- und Abführungszeichen, die gemeinsam mit dem Doppelpunkt die wörtliche Rede kennzeichnen. Da allerdings der etwas steife Ausdruck »An- und Abführungszeichen« für Kinder schwer zu greifen ist, wurden sie in der Grundschule bildhaft als »Gänsefüße« oder »Gänsefüßchen« vorgestellt. Doch warum heißen sie so? Erinnern sie nicht viel mehr an doppelte Kommas als an das, was die Gans watscheln lässt?

Erst seit den 1970er-Jahren sind die heute gängigen An- und Abführungszeichen („") gebräuchlich. Zuvor bediente man sich der Spitzklammern (»«). Auf Französisch heißen sie Guillemets. Ausgesprochen etwa »Gimä«, wobei die Betonung auf der ersten Silbe liegt. Und weil die Spitzklammern optisch an das bevorzugte Fortbewegungsmittel der Gans erinnern, belegte sie der wohlgemerkt deutsche Dichter *Jean Paul Friedrich Richter* Anfang des 19. Jahrhunderts mit dem Begriff Gänsefüße.

Popularität erlangten die Gänsefüße aufgrund seiner polemischer Schriften, worin er vor allem Buchdrucker, Gelehrte und Autoren angriff. Richter echauffierte sich darüber, dass sie Gänsefüße verwendeten, weil er diese Texthervorhebung als ein unnötiges Stilmittel erachtete: »Wir folgen natürlich gleichsam auf den Gänsefüßen dem Autor leichter und vernehmen ihn mit den Hasenöhrchen besser«, spottete er und fühlte sich als Leser offensichtlich in seiner Intelligenz beleidigt.[39]

Es braucht schon ein wenig Fantasie, damit Gänsefüße wie »Gänsefüße« aussehen.

Indes fühlen sich Leser heute wohl nicht gleich dumm, nur weil man ihnen gelegentlich Gänsefüße zumutet. Eher sind sie verwirrt wegen fehlplatzierter Gänsefüße. Hierzu ein Gedankenexperiment: Stell dir vor, du kommst an einem Plakat vorbei, das dir einen neuen Film anpreist und dir obendrein einen Gutschein schenkt. Mit folgenden Worten: *Zeig den Gutscheincode an der Kinokasse vor und genieße den Film für »nur« 6,90 Euro!*

Das liest sich irgendwie verdächtig, oder? Vielleicht hängt ja zwei Straßen weiter ein Plakat mit einem besseren Rabatt, mit dem du den Film für 5,90 Euro oder gar 4,90 Euro genießen könntest. Das wäre zwar eine merkwürdige Marketingstrategie, aber so lässt sich das hervorgehobene »nur« nun einmal deuten. Die Spitzklammern erwecken den Eindruck, dass dir die Damen und Herren der Marketingabteilung bislang nicht alles offeriert haben, was in ihrer Macht steht. Handelt es sich etwa in Wahrheit um keine nette Geste? Mit dieser Schreibweise jedenfalls nicht!

Während dieser Fall wenigstens fiktiv war, wurde der nächste tatsächlich so gedruckt. Eine bekannte Discounter-Kette verlautete stolz: *L… setzt auf Produkte „Ohne Gentechnik“.*[40] Aha, interessant. Für mich liest sich der Satz folgendermaßen: *Lieber Kunde, du denkst vielleicht, unsere Produkte seien aus kontrolliert biologischem Anbau, aber – haha – wenn du dich da mal nicht irrst!* Die Kunden dürften anschließend mit Argusaugen geprüft haben, woher das »metzgerfrische« Hackfleisch stammt.

Immerhin können wir diese Werbebotschaft noch mit Humor nehmen. Wesentlich beunruhigender ist hingegen jene amerikanische: *Fireworks "You Can Trust" Sold Here.*[41] Zu Deutsch etwa: *Hier kannst du "vertrauenswürdige" Feuerwerkskörper kaufen.* Wie bitte ist das zu verstehen? Genügen bereits ein paar morgendliche Sonnenstrahlen, um mit den Feuerwerkskörpern einen Großbrand zu entfachen? Oder tritt das genaue Gegenteil ein und die Dinger sind nichts weiter als teurer Sondermüll? Nach einer Zertifizierung wage ich schon gar nicht zu fragen, sonst »zertifiziert« womöglich die Schrotflinte des Verkäufers das Sortiment.

Wozu dienen Gänsefüße denn nun?

Zweifellos, um Ironie kenntlich zu machen, wie uns die Beispiele bewiesen haben. Darüber hinaus können wir mit Gänsefüßen auf eine Doppeldeutigkeit[M] oder ein Wortspiel hinweisen. Die Inhaberin einer Baumschule rechnet für das nächste Geschäftsjahr vielleicht mit »wachsenden« Erträgen. Ein starrsinniger Zahnarzt, der sich immer wieder verbohrt, gilt möglicherweise eines Tages selbst als »verbohrt«. Und falls mich jemand des schweren Diebstahls von Waschmitteln bezichtigte, dies der Henkel-Konzern aber dementierte, so würde er mir damit einen »Persilschein« ausstellen oder anders ausgedrückt: Er hätte meinen Ruf »reingewaschen«.

[M] Existieren mehr als zwei Sinnebenen, spricht man von einer Mehrdeutigkeit, auch Ambiguität genannt.

Dem doppelten Sinn ähnlich ist die übertragene Bedeutung. Die Nationalsozialisten waren für etliche Begriffe bekannt, die sie zu Propagandazwecken umgedeutet hatten. »Gleichschaltung«, »Sonderbehandlung«, »Umvolkung«, »entartet« und selbst das auf den ersten Blick harmlos erscheinende »betreuen«[N] seien laut Matthias Heine »verbrannte Wörter«. In seinem gleichnamigen Buch klärt er über die Zweckentfremdung der Wörter auf, gleichzeitig warnt er vor ihrer Verwendung, da sie möglicherweise immer noch mit den Gräueltaten in Verbindung gebracht werden.[42] Journalisten wiederum können solche Wörter mit Gänsefüßen hervorheben. Zum einen, um auf den befleckten Hintergrund hinzuweisen, zum anderen, um sich davon klar zu distanzieren.

Neben wörtlicher Rede, Ironie, Wortspielen und Doppeldeutigkeit können wir mit Gänsefüßen Zitate hervorheben. Auf folgende Erklärung stieß ich im *Typolexikon 2001:* »Anführungszeichen sind Interpunktionszeichen; Satzausdruckzeichen. Im Volksmund auch ›Gänsefüße‹ oder ›Gänsefüßchen‹ genannt.«[43]

Auf den ersten Blick ein gewöhnliches Zitat. Aber erkennst du, was sich darin verbirgt? Die Begriffe ›Gänsefüße‹ und ›Gänsefüßchen‹ sind mit sogenannten *halben An- und Abführungszeichen* markiert. Halbiert wurden sie, weil sie ein Zitat in einem Zitat kennzeichnen oder zumindest eine Hervorhebung in einem Zitat.

Und damit sind wir bereits bei einem weiteren Einsatzgebiet der Gänsefüße. Sie können auch einzelne Wörter oder Wortgruppen hervorheben, zu denen dann eine Aussage oder Erklärung folgt. Zum Beispiel: Der Begriff »Abführungszeichen« klingt nach einem Startsignal für eine künstlich herbeigeführte Diarrhöe. »Diarrhöe« wiederum ist das medizinische Wort für »Durchfall«. Nicht geeignet sind Gänsefüße hingegen, um einzelne Wörter in Sätzen her-

---

N Das Wort »betreuen« war ein Euphemismus für »ermorden«.

vorzuheben, denen wir eine Erklärung schuldig bleiben. Denn das führt zum erläuterten Problem, dass wir sie als ironisch, doppeldeutig, wortspielerisch oder übertragend missverstehen könnten. Würde mir jemand das Kompliment machen, mein Lächeln sei »wunderschön«, so würde ich anschließend prüfend in den Spiegel blicken, ob ich Ähnlichkeit mit dem »Joker« hätte.

Diese Überleitung führt uns zum letzten Anwendungsfall für die Gänsefüße – den Eigennamen, Überschriften, Titeln und Sprichwörtern, die wir markieren, um Fehldeutungen vorzubeugen. Wenn mir ein Kioskverkäufer dazu riete, einen Blick in die »Bild« zu werfen, ist mir klar, dass er damit die gleichnamige Zeitung meint. Ohne diese Hervorhebung wäre die Grammatik nämlich schwer in Frage zu stellen.

Welche Arten von An- und Abführungszeichen gibt es?

Die klassischen „deutschen Gänsefüße" sehen so aus. Und ja, das meine ich ganz unironisch. Mir gefallen aber die »deutschen Guillemets« besser, wie du bestimmt schon bemerkt hast. Franzosen und Schweizer nutzen sie auch gern, nur «verkehrtherum». Von ihrer Warte aus sind sie aber bestimmt richtigherum. Indessen machen die Amerikaner von "diesen Zeichen" Gebrauch; sie führen oben an und oben ab. Vielleicht, weil sie meist obenauf sind. Die amerikanische Variante setzt sich immer mehr in Deutschland durch, was mir unnötig vorkommt. Falls du so hervorheben möchtest, achte darauf, dass die Anführungszeichen nach oben zeigen, die Abführungszeichen hingegen nach unten. Also spiegelverkehrt zu den deutschen Gänsefüßen.

Und wie betone ich einzelne Wörter?

Hierfür stehen uns diverse Methoden zur Auswahl. Mein Favorit für Betonungen innerhalb eines Satzes ist die *Kursivschrift,* da sie nicht so aufdringlich ist wie die **Fettschrift**. Noch aufdringlicher ist das Unterstreichen und fast schon penetrant der S p e r r s a t z oder die MAJUSKELSCHRIFT°. Allen gemein ist jedoch, dass wir damit verwirrenden Gänsefüßen entgehen. Führen »wir« nämlich zu viele »Wörter« mit ihnen »an«, »werden« wir irgendwann von der »Grammatikpolizei« abgeführt. »Unnötig«!

Zusammenfassung

- Gänsefüße sind ungeeignet für Betonungen, da man sie missverstehen kann: *Hier gibt es das beste »Schnitzel« der Stadt!*
- Stattdessen weisen sie auf eine Wortspielerei, Doppeldeutigkeit oder Ironie hin: *Es gibt die Wahrheit und die »Wahrheit«.*
- Ebenso lassen sich mit Gänsefüßen einzelne Wörter hervorheben, auf die dann eine Erklärung oder Aussage folgt: *Der Begriff »Wort« steht für die kleinste Sinneinheit einer Rede.*
- Manchmal wollen wir auch Eigennamen hervorheben: *Hast du den Artikel gelesen, der heute im »Focus« stand?*
- Und natürlich heben Gänsefüße die wörtliche Rede sowie Zitate vom restlichen Text ab.
- Zitate oder Hervorhebungen innerhalb anderer Zitate kennzeichnen wir mit halben Gänsefüßen: *»Das ›Anführungszeichen‹ ist ein Interpunktionszeichen.«*
- Zur Auswahl stehen uns „deutsche“ und “amerikanische” Gänsefüße sowie »deutsche« und «französische» Guillemets.
- Wenn wir aber etwas betonen wollen, schreiben wir *kursiv*, **fett**, mit Unterstrich, im S p e r r s a t z oder in MAJUSKELN.

° Eine Majuskel ist ein Großbuchstabe; in der Typografie auch Versal genannt.

3.9 Ausgelassene Vogelfreude

Leidest du auch gelegentlich unter dem Zungenspitzenphänomen? Ein dir bekanntes Wort will sich partout nicht aus deinem Wortschatz abrufen lassen. Du kennst es ganz sicher, aber was nützt es dir, wenn du dich nicht erinnerst? Nervig! In dieser Sekunde durchforste ich meinen geistigen Speicher nach einem ulkigen Vogelname mit »K«. Warte, da entwickelt sich was: K… Ka… Kanadagans. Nein, die meine ich nicht. Obwohl sie viele heimische Gewässer bewohnt und mich neulich während des Joggens angefaucht hat. Die alte K… Ka… Kackstelze. Blödsinn, das ist gar kein Vogel. Dafür die Bachstelze, aber die fängt mit dem falschen Buchstaben an. Aufgepasst, da kommt wieder was: K… Kak… Kakadu. Wieder daneben! Aber nur knapp, ich spüre es. Moment, jetzt habe ich's: Das Wort beginnt mit »Ka…« und endet auf »…po«. Gemeint ist natürlich … Trommelwirbel … der Kakapo!

Dieser possierliche, flugunfähige Papagei ist in Neuseeland beheimatet und gilt als der schwerste, aber auch gefährdetste seiner Art. Gerade einmal 2… äh … 204 adulte Tiere zählten Zoologen 2021 auf der Insel, womit der gutmütige Vogel akut vom Aussterben bedroht ist. Schuld daran sind nicht nur Hermeline, Ratten und Katzen, die die Menschen einführten, sondern zum Teil er selbst. Der Kakapo brütet nämlich nur, wenn die Rimu-Harzeibe besonders viele Früchte trägt, was zu seinem Bedauern nur alle zwei bis fünf Jahre vorkommt!

Und wenn die Weibchen … ja, wenn sie sich dann doch mal begatten lassen und Eier legen, bleibt im Schnitt die Hälfte davon unbefruchtet. Vermutlich ist Inzucht das Problem. Deshalb schrumpft und schrumpft sein Bestand, bis er eines Tages … Aber so weit darf es nicht kommen! Die Wissenschaftler unternehmen jedenfalls einige Anstrengungen, um den Kakapo zu retten. Besonders einfallsreich scheint die Methode, Sperma von genetisch aussichtsreichen Männchen via Drohne zu empfangsbereiten Weibchen zu fliegen.[44] Kein Witz. John Hammond, der Besitzer des »Jurassic Park«, hätte diese fortschrittliche Technik wohl mit seinem legendären Satz kommentiert: »Ich habe keine Kosten gescheut!« Naheliegend, dass der Kakapo heute ein deutlich prominenterer Papagei ist als noch vor einem Jahrzehnt. Die Menschen lieben ihn, er muss überleben!

Warum bilde ich dich hier in Ornithologie aus? Ähm … ich … also ich … ich sah darin einen originellen Ansatz, dir die Auslassungspunkte vorzustellen. Ist es … gelungen?

Was du über Auslassungspunkte wissen solltest

Genug der Vogelkunde, jetzt wird ausgelassen über Auslassungspunkte gezwitschert. Das Wichtigste zuvorderst: Die Auslassungspunkte sind ein eigenständiges Zeichen, nicht einfach drei getippte Punkte. Wenn du mit Word arbeitest, findest du sie unter »Sonderzeichen«. In anderen Textverarbeitungsprogrammen erscheinen sie …[P]

Meiner Geschichte über den Kakapo konntest du bereits die wichtigsten Anwendungsfelder für die Auslassungspunkte entnehmen. Willkürlich erschien dir eventuell meine Wahl der Leerzeichen. Doch dahinter verbarg sich keinesfalls Willkür, sie hatte System! Sind die Auslassungspunkte Stellvertreter für Buchstaben, hängen sie unvermittelt am bruchstückhaften Wort. Auf diese Weise können wir ohne Vulgarismen schimpfen und fluchen:

Lena wettert: »Dieses miese A…h hat mir an den A… gegrabscht!«

[P] Was verbirgt sich wohl hinter den Auslassungspunkten? Keine Ahnung, ich kenne mich nur mit Word aus.

Hans-Martin beschwert sich: »Diese alte F…e[Q] *hat mich durch die Facharztprüfung fallen lassen.«*
Eine Seminarteilnehmerin zieht ein Fazit: »Einen größeren Bull… habe ich noch nie dargeboten bekommen.«

Das Fazit der Seminarteilnehmerin erinnert mich an eine Szene aus *Kevin – Allein in New York*. Am Ende des Films befindet sich die Großfamilie McCallister in einer extravaganten Suite des sündhaft teuren Plaza Hotels und blickt staunend auf den kolossalen Weihnachtsbaum, unter dem eine Wagenladung Päckchen liegt. Mir ist bis heute ein Rätsel, wie das der kinderfreundliche Mr. Duncan aus dem Spielwarenladen bewerkstelligt hat, ohne jemanden aufzuwecken. Sichtlich angetan schwingt Kevins großer Bruder Buzz eine feierliche Dankesrede und schließt mit den Worten: »Jetzt reicht's mit der Sch… Show der Gefühle. Alle Mann aufmachen!«

Mit Auslassungspunkten können wir aber nicht nur einzelne Wörter verschleiern, sondern auch Wortgruppen. Und dafür benötigen wir weiterhin lediglich drei Auslassungspunkte, da sie so mächtig sind, dass sie theoretisch sogar ganze Sätze vertreten können. Ob das in der Praxis sinnhaft ist, bleibt deiner Interpretation überlassen. Gute Dienste leisten die Auslassungspunkte, wenn wir einen Redeabbruch oder Sprechpausen vermitteln wollen. Hier stehen sie übrigens frei im Satz, grenzen also an kein Wort:

Abgebrochene Rede:
Für diese Bemerkung würde sie ihn gerne …
Pass auf, ich kann auf Spanisch bis zehn zählen: Uno – dos – …
Handelt es sich dabei etwa um …?

[Q] Hierhinter verbirgt sich natürlich die »Furie«. Ich habe das Wort abkürzen müssen, um die Rachegöttin nicht zu erzürnen. Fußnoten bleiben ihr aber zum Glück verborgen.

Niemals! Niemals wirst du …!
Lieber den Spatz in der Hand als …

Pausierte Rede:
»Du … Du hast … Du hast mich … Du hast mich … Du hast mich gefragt … Du hast mich gefragt … Du hast mich gefragt und ich hab nichts gesagt!«[R]
Einen Moment bitte … so, jetzt aber: Was darf es sein?
Die Kakapohahn schritt durch das Dickicht … eine Kakapohenne bot sich ihm an … doch keine Rimu-Harzeibe in Sicht … drum zog er von dannen.

Welchen Vorteil hat dieser Stil? Ein abgebrochener Satz kann Spannung aufbauen, die so lange erhalten bleibt, bis wir unseren Lesern den Rest liefern. Lassen wir sie indessen im Dunkeln, dann regen wir entweder ihre Fantasie an oder verärgern sie. Beides sorgt hin und wieder für eine gelungene Abwechslung.

Im Gegensatz dazu enthalten wir unseren Lesern mit der unterbrochenen Rede keine Information vor; aber wir geben sie zögerlich preis. Damit nehmen wir Einfluss auf die Lesegeschwindigkeit. Eine Keynote-Speakerin könnte beispielsweise gezielt Sprechpausen einbauen, der Spannung wegen oder weil sie Teil ihrer Rhetorik sind. Und genau das vermitteln wir in der Schriftsprache mit Auslassungspunkten. Ferner lässt sich damit eine Szene – wie der sich anbahnende Akt der Kakapos – mit kleinen Pausen packender wiedergeben.

Und wie vertragen sich die Auslassungspunkte mit anderen Satzschlusszeichen? Mit Ausrufe- und Fragezeichen gibt es kein Konfliktpotenzial. Sie schätzen die Nähe zueinander, ein Leerzei-

---

[R] Diese Zeilen entspringen dem Song »Du hast« von *Rammstein*. Auslassungspunkte waren darin allerdings nicht zu finden, sie hinzuzudichten schien mir aufgrund der langen Sprechpausen sinnvoll.

chen dazwischen ist unerwünscht. Nur der Punkt kommt schlecht weg, er wird im wahrsten Sinne ausgelassen. Würde ein Satz unter normalen Umständen mit einem Punkt enden, so beenden ihn nun allein die Auslassungspunkte. Das ist nur allzu verständlich, denn kein Mensch möchte vier aufeinanderfolgende Punkte lesen. Sie verstoßen gegen die Gesetze der Ästhetik!

Lassen die Auslassungspunkte auch Kommas und Klammern aus? Kommas schon, Klammern nicht. In einem Satz mit mehreren Pausen würden Kommas stören, also verzichten wir auf sie. Und auch wenn es hierzu keine offizielle Regel gibt, empfehle ich, nach den Auslassungspunkten klein weiterzuschreiben, wenn wir sie als Pausenzeichen einsetzen: *»Meine Damen und Herren … heute ist ein epochaler Tag … denn wir feiern den ersten Menschen … auf dem Mars!«*

Bei Klammern sieht das anders aus. Sie arbeiten mit den Auslassungspunkten zusammen. Außerdem besitzen sie eine besondere Gabe: Sie können den Satzschlusspunkt beschützen. Unglaublich, ich weiß. Ein Blick in die Zukunft soll uns das demonstrieren: *»Eines Tages wird der Mars besiedelt sein von irdischen Vögeln (Amseln, Drosseln, Finken, Staren, Kakapos …). Bis dahin aber ist …«*

Falls das irgendwann der Realität entspräche, dürfte auch der Kakapo überlebt haben. Irdische Marsianer würden Zoohandlungen eröffnen, wo man Kakapos als Haustiere erstehen könnte. Auf der Werbetafel vor dem Laden stände geschrieben:

»Das Beste am Kakapo ist …
… dass er nicht davonfliegen wird!«

Zusammenfassung

- Die Auslassungspunkte sind ein Sonderzeichen, nicht einfach drei getippte Punkte.
- Mit ihnen lassen sich Wörter verschleiern; sie hängen dann direkt am bruchstückhaften Wort: *Er ist ein blöder W…*[s]*!*
- Ebenso können wir mit ihnen einen Redeabbruch oder Sprechpausen vermitteln. Hier stehen sie frei im Satz:
  Diese Kakapo-Kopulation war …
  Die frohe Kunde lautet … dass der Kakapo nicht mehr bedroht ist!
- Stehen die Auslassungspunkte für einen Satzabbruch, so verschwindet der Satzschlusspunkt.
- Stehen sie für ein Pausenzeichen, verschwindet das Komma; danach schreiben wir klein weiter.
- Eine eher seltene Erscheinung sind die Auslassungspunkte als Verbindungszeichen (zum Beispiel auf Reklametafeln):
  Heute gibt es zwei Kakapos …
  … zum Preis für einen.

---

[s] Die Auslassungspunkte verbergen den »Warmduscher«. Ist doch klar!

3.10 Schräge Striche für schräge Menschen

Ich bin verzückt, Schrägstrich, erstaunt, Schrägstrich, beeindruckt, Schrägstrich, besorgt, weil du dich für den Schrägstrich interessierst. Nicht viele Menschen würden sich ein Kapitel über schräge Striche durchlesen, insbesondere wenn es direkt auf eines über »schräge Vögel« folgte. Überhaupt ist es eine Glanzleistung, dieses Werk über Zeichensetzung bis hierin gelesen zu haben. Daher ein flotter Gesundheitscheck: Wie fühlst du dich körperlich? Trinkst du genug und schnappst hin und wieder frische Luft? Wunderbar. Und wie steht es um deinen geistigen Zustand? Sind dir vielleicht mentale Veränderungen aufgefallen, zum Beispiel eine Besessenheit hinsichtlich der deutschen Sprache? Ja? Kein Grund zur Besorgnis, das heißt, der Stoff entfaltet seine Wirkung! Es kommt schleichend, aber irgendwann ist es da – das Verlangen nach immer mehr Grammatik, Orthografie und Interpunktion. Und so bist du auch hier gelandet: beim Schrägstrich.

Wie bei den Auslassungspunkten entsteht die größte Verwirrung bezüglich der Leerzeichen. Eine Regel hierzu existiert nicht, jedoch schlägt der Duden Folgendes vor: Solange der Schrägstrich zwischen lediglich zwei Wörtern steht, verzichten wir auf die Leerzeichen. Ein Antrag für Arbeitnehmerinnen und Arbeitnehmer wird demnach zum Antrag für *Arbeitnehmer/Arbeitnehmerinnen* oder *Arbeitnehmer/-innen.* Außerdem freuen sich *Aktionäre/Aktionärinnen* über jährlich steigende Dividenden. Der Schrägstrich weist in diesen Fällen auf mehrere gleichberechtigte Möglichkeiten hin. Sofern sich aber der Vorstand über den Tag der Jahresversammlung noch uneinig ist, legt er ihn vielleicht *Ende dieser / Anfang nächster* Woche fest. In diesem Fall sind zwei Leerzeichen empfehlenswert, da ansonsten der Eindruck entstehen könnte, nur die Wörter »dieser« und »Anfang« gehörten zusammen: Der Termin wird *Ende die-*

ser/Anfang nächster Woche festgelegt.[45] Das wirkt weniger elegant, oder?

Am ehesten kann der Schrägstrich hier mit »oder« übersetzt werden. Logisch, denn der Termin wird entweder Ende dieser oder Anfang nächster Woche festgelegt. Andernfalls würden die Herrschaften ihn ja zweimal festlegen. Und sobald wir den Schrägstrich mit dieser Bedeutung verwenden, müssen wir Acht auf die Großschreibung am Satzanfang geben. Wir haben es gewissermaßen mit zwei parallel geschalteten Satzanfängen zu tun:

Der Vorstand / Das Management konnte sich mit dem Betriebsrat auf keinen gemeinsamen Termin verständigen, folglich werden zwei Jahresversammlungen/Generalversammlungen stattfinden.

Der Schrägstrich bei Zahlen und Telefonnummern

Gang und gäbe ist der Schrägstrich bei der Darstellung von Verhältnissen. Dank ihm sparen wir Buchstaben, denn wir müssten sonst die Wörter »pro« oder »je« ausschreiben. Werfen wir hierzu einen Blick auf den Verkehr. In Deutschland beträgt die zulässige Höchstgeschwindigkeit innerhalb geschlossener Ortschaften meist *50 km/h,* während auf Autobahnen eine Richtgeschwindigkeit von *130 km/h* gilt. An letztere müssen sich Autofahrer allerdings nicht halten. Noch dürfen sie mit Bleifuß fahren, wenngleich bleifreies Benzin mehr und mehr zum Luxusgut avanciert. *2 Euro/Liter* sind mittlerweile Usus und vergällen Rasern die Freude am Fahren. Außerdem entgleitet den deutschen Automobilbauern zusehends der Vorsprung durch Technik, wodurch vielleicht eines Tages das Beste zum Nichts wird. Da klingt ein generelles Tempolimit sowie der vollständige Umstieg auf Elektromobilität doch wie ein logischer Schluss. Andererseits: Strompreise von *50 Cent/kWh* versprechen auch nicht gerade eine rosige Zukunft. Und ehe wir uns versehen, liegen sie zum Jahreswechsel *2023/2024* vielleicht schon bei *1 Euro/kWh*. Wer weiß?!

Darüber hinaus haben sich viele angewöhnt, den Schrägstrich bei der Angabe von Telefonnummern einzusetzen. »Sie erreichen unsere Zentrale unter der Festnetznummer *069/96096-0*« könnte eine Frankfurter Firma verkünden. Und auch wenn sie das darf, empfiehlt das *Deutsche Institut für Normung* in seiner DIN 5008 etwas anderes.[46] Ja, ganz recht, in Deutschland ist selbst die Schreibweise von Telefonnummern normiert. Überrascht dich das? Für die oben genannte Festnetznummer lautet die Empfehlung: *069 96096-0*. Der Leerschritt nach der Vorwahl hebt sie vom Rest ab, denselben Zweck erfüllt der Bindestrich für die Durchwahlnummer *0*. Bei Mobilnummern heben wir der besseren Lesbarkeit wegen ebenfalls die Vorwahl hervor: *0152 22322322*. Und falls wir zudem Anrufe aus dem Ausland wünschen, geben wir sie besser gleich international an: *+49 152 22322322*. So erreichen uns dann auch vermeintlich seriöse Verkäufer, die uns auf kryptische Art darlegen, dass bereits tausende Millionäre mithilfe von Kryptowährungen geboren wurden. Außer uns natürlich, was sich schleunigst ändern müsse! Ich frage mich dann immer, woher diese Flachzangen meine Nummer haben.

Damit sind wir am Ende/Schluss/Ausgang des dritten Teils angelangt. Bitte werde nicht sentimental, denn auf dich wartet ja noch der vierte und letzte Teil. Du darfst dich auf ein kniffliges Quiz/Rätsel/Denkspiel freuen, und über die eine oder andere Frage wirst du mit Sicherheit grübeln müssen. Na, ist das was?

Zusammenfassung

- Der Schrägstrich weist auf mehrere gleichberechtigte Möglichkeiten hin.
- Trennt er nur zwei Wörter, sollten wir auf Leerzeichen verzichten: *Die Aktionäre/Investoren freuen sich auf die Dividende.*
- Trennt er mehr als zwei Wörter, empfehlen sich Leerzeichen: *Wir treffen uns Ende dieser / Anfang nächster Woche.*
- Ein parallel geschalteter Satzanfang beginnt zweimal groß: *Der Bürgermeister / Die Verbandsgemeinde lädt Sie herzlich …*
- Ferner kann der Schrägstrich ein Verhältnis ausdrücken: *Der Strompreis beträgt 50 Cent/kWh.*
- In Telefonnummern hat er laut DIN 5008 nichts verloren: *Meine Telefonnummer lautet +49 152 22322322.*

Teil 4:

»Komma klar« mit diesem Quiz!

Jetzt wird's ernst. Dich erwarten 30 Fragen über Grammatik, Zeichensetzung und Stilistik. Schwierigkeitsgrad? Der oszilliert irgendwo zwischen »Apnoetauchen im Marianengraben« und »besoffen Chinesisch lernen«. Spaßfaktor? Sensationell hoch. Vor allem, weil eine verlockende Belohnung auf dich wartet: Entweder Erkenntnis, sofern du falsch liegst, oder Befriedigung, falls du richtig tippst. Quasi wie bei Günther Jauch, nur dass du vom Druck eines potenziellen Geldgewinns befreit bist. Gern geschehen!

Und so läuft das Quiz ab

Auf jede Frage gibt es nur eine richtige Antwort. Ausnahmslos jede von ihnen lässt sich mit dem Wissen aus diesem Buch lösen. Solltest du an einer Stelle überfordert sein, so hast du mindestens zwei Optionen: Du rätst ins Blaue. Oder du springst zurück und liest dir vorher noch mal die Regeln durch. Ein Hinweis hinter jeder Frage weist dir den Weg zum entsprechenden Kapitel. Mir sind beide Optionen recht, solange du anschließend einen Blick in den Lösungsteil wirfst. Dort findest du detaillierte Erklärungen, die dir dabei helfen werden, die Regeln zu verinnerlichen.

Nun zur Beurteilung. Theoretisch kannst du, wenn du das Buch gewissenhaft bis hierhin gelesen hast, alle 30 Fragen korrekt beantworten. Aber bleiben wir realistisch. Ich selbst kenne das Problem, dass ich eine Regel teilweise fünfmal, wenn nicht gar öfter nachschlagen muss, bis sie endlich sitzt. Also sei nicht zu streng mit dir! Sieh es lieber so: Jeder Fehler erzeugt ein Aha-Erlebnis. Und jedes Aha-Erlebnis erhöht die Chance, dass dir der Fehler nicht erneut unterläuft. Genug der einleitenden Worte; viel Spaß beim Quiz!

1. Welcher dieser Sätze muss kommafrei bleiben? → Kap. 1.5

a) Alle Passagiere wussten, sich zu retten.
b) Ein Schiff dient dazu, Menschen und Güter zu transportieren.
c) Eine Yacht zu besitzen, das wäre was!
d) Es ist die Aufgabe der Besatzung, für Sicherheit zu sorgen.

2. Was wissen wir über das Prädikat? → Kap. 1.1

a) Prädikate und Verben sind dasselbe.
b) Ein Nebensatz benötigt keins.
c) Jeder Haupt- und Nebensatz enthält exakt ein Prädikat.
d) Das Prädikat verrät uns, was das Objekt tut.

3. Fragewörter fordern uns in Sachen Kommasetzung oft heraus. Welcher dieser Sätze ist als einziger annehmbar? → Kap. 1.4

a) Ich bin sicher was ich will, bekomme ich.
b) Vergiss niemals, wer du bist!
c) Sie wollte wissen, wo ich war, und was ich getan habe.
d) Es ist fraglich wieso sie das getan hat.

4. *Den Golfschläger schwingend(,) riss ihm die Hose im Schritt.* Den ersten Teil dieses Satzes nennen wir Partizipgruppe. Welche Aussage über diese Gruppe ist als einzige korrekt? → Kap. 1.6

a) Die Kommasetzung ist stets freigestellt.
b) Hinweisende Wörter wie »so« oder »auf diese Art« verpflichten zur Kommasetzung.
c) Im Gegensatz zu Infinitivgruppen können sie nicht von einem Substantiv abhängig sein.
d) Man darf sie nicht als Einschub darstellen.

5. In der Regel steht ein Komma zwischen *gleichrangigen* Attributen, zwischen *nicht gleichrangigen* ist es hingegen tabu. In welchem Satz wurde dieses Tabu gebrochen? → Kap. 1.8

a) Carl trägt eine hellblaue, ausgewaschene Jeans.
b) Romina ist fasziniert von schnellen, sportlichen Autos.
c) Thomas hatte einen anstrengenden, ersten Arbeitstag.
d) Es war eine erlebnisreiche, anstrengende Wanderung.

6. Jugendsprachliche Ausrufe/Anreden sind nicht immer einfach zu erkennen. Wo wurde ein Komma vergessen? → Kap. 1.7

a) Habibi, du bist die schönste Frau der Welt. Ich schwöre!
b) Zieh dich wieder an du Lauch, niemand will deine Interneteier sehen!
c) Dieses Opfer wollte tatsächlich mit mir ins Kino, ahnma!
d) Mein Dad hat gestern in der Fußgängerzone mit einem Straßenmusiker getanzt. Digga, wie cringe[A] das war!

[A] Das englische Verb »cringe« bedeutet »erschaudern« oder »zusammenzucken«. Aber die Jugend machte daraus ein nicht ganz so düsteres Adjektiv, das am ehesten mit »zum Fremdschämen« übersetzt werden kann.

7. Welche dieser vier Infinitivgruppen müssen wir zwingend mit einem Komma abgrenzen? → Kap. 1.5

a) Paula erklärte sich bereit Paul beim Umzug zu helfen.
b) Unter der Dusche zu singen sorgt für Heiterkeit.
c) Anita fehlt die Zeit ein Buch zu lesen.
d) Ich überlege mir ein Rudergerät anzuschaffen.

8. Was trifft auf die *nachgestellte Erläuterung* zu? → Kap. 1.9

a) Sie steht immer am Satzende.
b) Sie ergänzt ein Subjekt um eine Information.
c) Sie wird meist von markanten Einleitewörtern wie »und zwar«, »genauer gesagt« oder »insbesondere« begleitet.
d) Zwischen ihr und der Apposition besteht kein Unterschied. Es sind Synonyme.

9. Fragewörter sind für so viele Kommafehler verantwortlich, da kann eine zweite Runde nicht schaden! Welcher der Sätze käme mit einem Komma weniger zurecht? → Kap. 1.4

a) Wir sollten uns mal wieder den Helm lackieren. Die Frage ist nur, wann.
b) Weißt du, wo Patagonien liegt?
c) Verrate mir doch, wer oder was dich enerviert.
d) Das, was er gestern erzählt hat, war reinster Stuss.

10. Relativpronomen leiten immer einen Nebensatz ein und sind daher ein Kommagarant. In einem der Sätze befindet sich aber gar kein Relativpronomen. In welchem? → Kap. 1.3

a) Die Gefallenen, *derer* wir heute gedenken, waren sehr mutig!
b) Das Buch über Zeichensetzung, *welches* ich aktuell lese, gefällt mir ausgesprochen gut.
c) Schau mal, Reginas Vater ist derjenige, *der* in diesem Moment den Schiedsrichter anpöbelt.
d) Du kennst doch Julia, *die* habe ich dir neulich vorgestellt.

11. Ellipsen, das sind Satzverkürzungen, erschweren uns gelegentlich die Zeichensetzung. Welcher Satz benötigt unbedingt ein Komma? → Kap. 2.2

a) Ehrlich gesagt scheint mir das keine gute Idee.
b) Natürlich wirkt man durch gutes Deutsch attraktiver!
c) Keine Sorge das renkt sich schon wieder ein.
d) Übrigens erhielt ich gestern einen mysteriösen Anruf.

12. Meinungen, Gefühle, Hoffnungen, Wünsche – bringen wir sie zum Ausdruck, bleiben oft Kommas auf der Strecke. Welcher dieser Sätze darf dennoch kommafrei bleiben? → Kap. 2.2

a) Ich fühle, da ist etwas im Argen.
b) Wir wünschten, er wäre eher zum Arzt gegangen.
c) Katharina hofft, ihr Mann irrt sich.
d) Sie meint, die richtige Entscheidung getroffen zu haben.

13. Für die meisten Deutschen stellt sich nicht die Frage, ob sie ein Komma vor »und« respektive »oder« setzen sollten – sie lassen es einfach bleiben. Und manchmal haben sie dadurch Glück! Wo ist ein Komma zu viel? → Kap. 2.7

a) Kira, jetzt entscheide dich bitte: Möchtest du Zacharias, das zickige Zwergkaninchen, *oder* Moby, das mollige Meerschweinchen, als neues Haustier haben?
b) Diana erfuhr, dass ihr Mann eine Affäre hatte, *und* sprach ihn umgehend darauf an.
c) Ein Stressball ist ein Ball, den man bei Bedarf kneten kann, *und* der eine beruhigende Wirkung hat.
d) Entweder wir bestellen bei dem neuen Italiener, der angeblich so gut ist, *oder* wir gehen in die Kantine!

14. Streng genommen ist die Zeichensetzung nur in einer dieser Anreden korrekt. In welcher? → Kap. 1.7

a) Meine lieben, Kolleginnen und Kollegen, zum Glück muss ich euch ab nächstem Montag nicht mehr sehen!
b) Hallo Manuela, wann treffen wir uns heute?
c) Sehr geehrte, Frau Braunschwätzer, leider müssen wir Sie wegen Ihres ausländerfeindlichen Kommentars auf dem letzten Elternabend tadeln.
d) Guten Tag, Herr Dünkelmann, hiermit nehme ich Bezug auf die Unverfrorenheit in Ihrer letzten E-Mail.

15. Vorangestellte Attribute sind nicht nur ein Frevel an der Stilistik, sondern obendrein gefährlich. Denn sie lassen uns Kommas »fühlen«, wo keine hingehören. Welcher Satz ist als einziger fehlerfrei? → Kap. 2.1

a) Der vorige Woche im großen Meeting vorgestellte und von allen abgesegnete Maßnahmenplan, erweist sich in der Umsetzung als überaus schwierig.
b) Die von dir ausgesendeten Signale, als Reaktion auf die von mir gemachten Avancen beleidigen mich zutiefst.
c) Die Vorfreude auf das morgen stattfindende, von allen Beteiligten lang ersehnte Treffen steigt von Minute zu Minute.
d) Keiner, der von dir über all die Jahre gedateten, Männer entsprach ansatzweise unseren Vorstellungen!

16. Eine Reihe von Konjunktionen verleitet schnell zu überflüssigen Kommas. In welchem Satz ist die Kommasetzung jedoch tadellos? → Kap. 2.3

a) Deine These klingt wunderbar, aber nur, weil sie so ein unrealistisches Bild zeichnet.
b) Gesetzt den Fall, dass ihr das Tennisturnier gewinnt, verpasse ich euch eine dreißigminütige Wadenmassage.
c) Ines' Auftreten erweckt den Eindruck, als, ob sie zwanghaft zur Hautevolee gehören will.
d) Weck mich bitte, falls ich im Theater einschlafe, aber ohne, dass Ingrid es merkt.

17. Präpositionaladverbien verschönern unseren Stil. Zum Glück gibt es sie zuhauf! Unter den folgenden Wörtern befindet sich jedoch ein Blender. Wer ist es? → Kap. 2.4

a) hiergegen
b) hiernach
c) hierum
d) hierunter
e) wozwischen
f) wogegenüber
g) wohinter
h) woneben

18. Welche Zeitangabe ist im Hinblick auf die Grammatik und die Zeichensetzung als einzige akzeptabel? → Kap. 2.5

a) Saskia trifft sich am Montag, dem 5. Dezember um 8:30 Uhr mit Zoey.
b) Deine Darmspiegelung findet kommenden Mittwoch, den 16. November um 9 Uhr, statt.
c) Es muss Montag, den 6. Juni 2022, gewesen sein, als mir eine Möwe mein Eis aus der Hand riss.
d) Der Kunde erwartet ihn Freitag gegen 13 Uhr.

19. Für die wörtliche Rede stehen uns verschiedene An- und Abführungszeichen zur Verfügung. Unabhängig davon will aber keines der anderen Satzzeichen vernachlässigt werden. Wo wurde fahrlässig gehandelt? → Kap. 2.6

a) Und der Rädelsführer sprach: „Die Benzinpreise sind inakzeptabel. Drum greift euch einen Knüppel und folgt mir"!
b) Sybille reagierte überrascht: »Hey Birgit, welch ein Zufall!«, und umarmte ihre Freundin.
c) "Noah, wie lautet die richtige Antwort?", will seine Lehrerin von ihm wissen.
d) „Manchmal", eröffnet Gerd, „sehne ich mich nach einem genüsslichen Zug an einer Zigarette."

20. Welcher Einschub stellt eine Apposition dar? → Kap. 1.9

a) Das Outfit, genauer gesagt der Rock, steht ihr ausgezeichnet.
b) Erwin, das will ich hier klarstellen, ist ein Ehrenmann!
c) Martina, Servicemitarbeiterin des Monats, hat noch jeden verstimmten Anrufer beschwichtigen können.
d) Die Frage, welche Pizza wir bestellen, hat oberste Priorität.

21. Wie lautet der Plural von Semikolon? → Kap. 3.4

a) Semikoli
b) Semikoala
c) Semikola
d) Semikolonne

22. Was trifft nicht auf das Semikolon zu? → Kap. 3.4

a) Es trennt Sätze stärker als ein Komma, aber schwächer als ein Punkt.
b) Es steht zwischen Haupt- und Nebensatz, wobei es den Nebensatz einleitet.
c) Es kann dabei helfen, Aufzählungspunkte in sinnvolle Gruppen zu unterteilen.
d) Es ist ein freiwilliges, ein sogenanntes fakultatives Zeichen.

23. Der Apostroph wird hierzulande inflationär genutzt. Deine Hilfe ist nötig, um die Inflation zu stoppen! In welchem Fall ist der Apostroph aber zulässig und sinnvoll? → Kap. 3.7

a) Wir hätten gern zwei Acai-Bowl's zum Mitnehmen, bitte.
b) Gestern hat mich Luka's Hund schon wieder angeknurrt.
c) Danke für's Erscheinen, liebe Freunde!
d) Das ist das Haus des Nikolaus'.

24. Der Gedankenstrich ist ein hilfreiches Instrument für allerlei Einschübe und Nachträge. In welchem Satz hat er jedoch eindeutig nichts zu suchen? → Kap. 3.5

a) Leon joggte seine gewohnte Runde um den See, als er – einen Herzstillstand erlitt.
b) Letztes Jahr im Sommer – es war während der Fußball-Weltmeisterschaft! – wurde mir gekündigt.
c) Brasilianische Acai-Beeren mögen zwar gesund sein, aber auch nicht gesünder als hiesiges Obst wie Blaubeeren, Himbeeren oder Erdbeeren – daher ist der lange Transportweg nach Europa nicht zu verantworten.
d) Manche Kinder naschen gerne Blau–, andere Him– und wieder andere Erdbeeren.

25. Eine Komposition aus mehreren Wörtern bedarf manchmal eines oder gleich mehrerer Bindestriche. Allerdings gilt es dabei einiges zu beachten. Welche Verbindung ist als einzige tragfähig? → Kap. 3.2

a) Sie wohnen neuerdings im *Angela Merkel-Weg 9.*
b) Das geht raus an alle *Ich-halte-der-frau-nicht-die-tür-auf-männer:* Ihr habt keine Manieren!
c) Schauen wir uns das Finale des *100 Meter-Laufs* an?
d) Mariannes Großeltern freuen sich auf ihre *Donauschiff-Fahrt* von Passau nach Wien.

26. Welche Aussage über den Doppelpunkt ist falsch? → Kap. 3.3

a) Zwei Doppelpunkte innerhalb eines Satzes brechen die Gesetze der Interpunktion.
b) Folgt danach ein ganzer Satz, beginnt dieser mit einem Großbuchstaben.
c) Er kann Schlussfolgerungen einleiten.
d) Er dient zur Ankündigung der wörtlichen Rede.

27. Welchen Satz könnte man aufgrund übereifrig verwendeter An- und Abführungszeichen missverstehen? → Kap. 3.8

a) Der deutsche Dichter Jean Paul Friedrich Richter verhalf den »Gänsefüßen« zu mehr Popularität.
b) In unserem Kreditinstitut legen wir großen Wert auf einen »vertrauensvollen« Umgang!
c) Schlagzeile: *Schwach vorbereitete Turmspringerin »springt ins kalte Wasser« und qualifiziert sich überraschend für Endrunde.*
d) Mit deinem schwarzen Umgang könntest du glatt Verbrecher in »Gotham City« jagen.

28. In nur einem Fall wurden die Auslassungspunkte korrekt verwendet. In welchem? → Kap. 3.9

a) Warte…mir fällt es gleich ein…die Lösung lautet…Eisbär!
b) Mit Auslassungspunkten lassen sich einzelne Wörter verschleiern. Zum Beispiel könnten wir jemandem zurufen: »Du bist ein Voll … t!«
c) Ihre Laune ist heute mal wieder …
d) Das Wichtigste ist…
…dass alle gesund sind.

29. Fünf Satzarten hat das Deutsche mindestens zu bieten. Welche der folgenden zählt jedoch aus sprachwissenschaftlicher Sicht nicht dazu? → Kap. 3.1

a) Merksatz
b) Fragesatz
c) Aussagesatz
d) Wunschsatz

30. Klammern leisten in der deutschen Sprache eine Menge! Was fällt jedoch nicht in ihren Aufgabenbereich? → Kap. 3.6

a) Mithilfe runder Klammern können wir (wie mit Gedankenstrichen) Gedanken in Sätze einschieben.
b) Mit eckigen Klammern lassen sich Auslassungen und Ergänzungen in einem Zitat kennzeichnen.
c) Klammern können ein Frage- oder Ausrufezeichen enthalten.
d) Innerhalb runder Klammern kann ein zweites Paar runde Klammern einen Begriff näher erläutern.

Lösungen

Alle korrekten Antworten auf einen Blick:
1a), 2c), 3b), 4b), 5c), 6b), 7c), 8c), 9a), 10d), 11c), 12d), 13c), 14d), 15c), 16b), 17f), 18d), 19a), 20c), 21c), 22b), 23b), 24d), 25d), 26a), 27b), 28c), 29a), 30d)

1. Welcher dieser Sätze sollte unbedingt kommafrei bleiben?

Lösung: a)

Begründung:

Alle Antwortsätze enthalten Infinitivgruppen. In den Fällen b), c) und d) weist jeweils ein Wort auf die Infinitivgruppe hin, sodass wir keine Wahl haben: Wir müssen ein Komma setzen. Die hinweisenden Wörter lauten: b) »dazu«, c) »das« und d) »Aufgabe«.

Bei a) fällt unser Blick hingegen auf das Verb »wissen«. Es hat hier die Funktion eines unechten Hilfsverbs und bedeutet nicht »Kenntnis von etwas haben«. Vielmehr bedeutet es, dass die Passagiere »in der Lage waren, etwas zu tun«. Nämlich, sich zu retten!

2. Was wissen wir über das Prädikat?

Lösung: c)

Begründung:

a) Prädikate und Verben sind nicht dasselbe. Der Satz »Ich *will* die deutsche Sprache *beherrschen*« enthält zwei Verben, die zusammen ein mehrteiliges Prädikat bilden.

b) Ein Nebensatz verlangt genauso nach einem Prädikat wie ein Hauptsatz.

c) Korrekt. Jeder Haupt- oder Nebensatz enthält exakt ein Prädikat.

d) Fast richtig: Das Prädikat verrät, was das Subjekt tut.

3. Fragewörter fordern uns in Sachen Kommasetzung oft heraus. Welcher dieser Sätze ist als einziger annehmbar?

Lösung: b)

Begründung:

a) Es fehlt ein Komma vor »was«, da hier der eingeschobene Nebensatz beginnt.

b) Dieser Satz ist korrekt.

c) Das Komma vor »und« ist falsch, da die Konjunktion zwar einen zweiten Nebensatz einleitet, dieser aber auf derselben Ebene liegt wie der erste.

d) Hier fehlt ein Komma vor »wieso«, denn damit beginnt der Nebensatz.

4. ***Den Golfschläger schwingend(,) riss ihm die Hose im Schritt.*** **Den ersten Teil dieses Satzes nennen wir Partizipgruppe. Welche Aussage über diese Gruppe ist als einzige korrekt?**

Lösung: b)

Begründung:

a) Falsch. In einigen Fällen ist es verpflichtend.

b) Korrekt. Das ist einer der Fälle.

c) Also bitte! Natürlich können sie das.

d) Oh doch, das geht. Beweis: Er lief, *die Tasche in beiden Händen haltend,* dem Bus nach.

5. In der Regel steht ein Komma zwischen *gleichrangigen* Attributen, zwischen *nicht gleichrangigen* ist es hingegen tabu. In welchem Satz wurde dieses Tabu gebrochen?

Lösung: c)

Begründung:

Das Attribut »ersten« bildet eine feste Einheit mit dem Substantiv »Arbeitstag«. Die beiden Attribute sind nicht gleichrangig. In allen anderen Fällen hingegen können wir das Komma durch »und« ersetzen oder die Attribute vertauschen, ohne dass die Aussage ihren Sinn verliert.

6. **Jugendsprachliche Ausrufe und Anreden sind nicht immer einfach zu erkennen. Wo wurde ein Komma vergessen?**

Lösung: b)

Begründung:

In diesem Satz fehlt ein Komma vor »du«. Korrekt muss er lauten: *Zieh dich wieder an, du Lauch, niemand will deine Interneteier sehen!*

7. **Welche dieser vier Infinitivgruppen müssen wir zwingend mit einem Komma abgrenzen?**

Lösung: c)

Begründung:

Die Infinitivgruppe hängt vom Substantiv »Zeit« ab, und dieser Umstand erfordert ein Komma. In allen anderen Fällen sind keine Abhängigkeiten oder hinweisende Wörter vorhanden, weshalb die Kommas freiwillig sind.

8. **Was trifft auf die *nachgestellte Erläuterung* zu?**

Lösung: c)

Begründung:

a) Das stimmt nicht, sie kann auch als Einschub dargestellt sein.

b) Verdrehte Tatsachen: Dies trifft auf die Apposition zu.

c) Korrekt, markante Einleitewörter sind ihr Markenzeichen.

d) Blödsinn. Wer denkt sich nur solche Antwortmöglichkeiten aus?

9. **Fragewörter sind für so viele Kommafehler verantwortlich, da kann eine zweite Runde nicht schaden! Welcher der Sätze käme mit einem Komma weniger zurecht?**

Lösung: a)

Begründung:

Die Sätze b), c) und d) benötigen alle gesetzten Kommas. Anders ist das bei a), wo das allein stehende Wort »wann« einem unvollendeten Nebensatz entspricht. Hierfür hat der Rat für deutsche Rechtschreibung keine Regel definiert; ergo steht uns die Kommasetzung frei.

10. Relativpronomen leiten immer einen Nebensatz ein und sind daher ein Kommagarant. In einem der Sätze befindet sich aber gar kein Relativpronomen. In welchem?

Lösung: d)

Begründung:

Das vermeintliche Relativpronomen ist »die« und bezieht sich auf »Julia«. Bei genauerer Betrachtung fällt auf, dass der zweite Satz gar kein Nebensatz ist, sondern ein Hauptsatz (erkennbar am Verb »habe«, das an zweiter Stelle steht). Und deshalb kann es sich um kein Relativpronomen handeln, denn jene leiten immer einen Nebensatz ein. Und was ist »die« nun? Ein Demonstrativpronomen! Nur durch eine Satzumstellung wird es zu einem Relativpronomen: *Du kennst doch (die) Julia, die ich dir neulich vorgestellt habe.*

11. Ellipsen, das sind Satzverkürzungen, erschweren uns gelegentlich die Zeichensetzung. Welcher Satz benötigt unbedingt ein Komma?

Lösung: c)

Begründung:

a) Formelhafte Ausdrücke wie »ehrlich gesagt« oder »wie besprochen« verlangen kein Komma. Wir dürfen sie aber als eigenständige Sätze hervorheben, indem wir ein Komma setzen.
b) Das Adverb »natürlich« ist fester Bestandteil des Satzes.
c) In diesem Satz ist »Keine Sorge« ein verkürzter Hauptsatz, den wir vom zweiten Hauptsatz trennen müssen. Die Langversion lautet: *Hab keine Sorge, das renkt sich schon wieder ein.*
d) Übrigens ist »übrigens« ebenfalls fester Bestandteil des Satzes. Nach einer Satzumstellung könnten wir ein Komma setzen: *Übrigens, ich erhielt …*

12. Meinungen, Gefühle, Hoffnungen, Wünsche – bringen wir sie zum Ausdruck, bleiben oft Kommas auf der Strecke. Welcher dieser Sätze darf dennoch kommafrei bleiben?

Lösung: d)

Begründung:

Die Infinitivgruppe hängt weder von einem Korrelat noch von einem Substantiv ab. Ebenso wenig wird sie von einer Konjunktion wie »um« eingeleitet. Daraus folgt: Ein Komma zu setzen(,) ist okay, es zu vergessen(,) tut aber auch nicht weh.

13. **Für die meisten Deutschen stellt sich nicht die Frage, ob sie ein Komma vor »und« respektive »oder« setzen sollten – sie lassen es einfach bleiben. Und manchmal haben sie dadurch Glück! Wo ist ein Komma zu viel?**

Lösung: c)

Begründung:

Zugegeben, das war nicht die einfachste Aufgabe. Die Lösung verstehen wir besser, wenn wir die Sätze in ihre Bestandteile zerlegen:

a) Kira, jetzt entscheide dich bitte: Möchtest du Zacharias, ***das zickige Zwergkaninchen,*** *oder Moby,* ***das mollige Meerschweinchen,*** *als neues Haustier haben?* Die fett markierten Zusätze sind Appositionen. Sie beschreiben das jeweilige Haustier näher. Stehen Appositionen mitten im Satz, werden sie stets mit zwei Kommas abgegrenzt, unabhängig davon, welches Wort folgt.

b) Diana erfuhr, ***dass ihr Mann eine Affäre hatte,*** *und sprach ihn umgehend darauf an.* Fett markiert ist hier ein Nebensatz, genauer gesagt ein Konjunktionalsatz. Dieser bezieht sich auf den ersten Teil des Hauptsatzes »Diana erfuhr«. Nach dem Nebensatz wird der Hauptsatz wieder aufgenommen, darum darf das Komma vor »und« nicht fehlen.

c) Ein Stressball ist ein Ball, den man bei Bedarf kneten kann, und der eine beruhigende Wirkung hat. Hier scheint die Situation wie bei b), doch sie ist anders. Auf den Hauptsatz »Ein Stressball ist ein Ball« folgen zwei untergeordnete Nebensätze, die sich auf derselben Ebene befinden. Der zweite Nebensatz ist über die Konjunktion »und« mit dem ersten verknüpft. Zudem wird kein Hauptsatz weitergeführt, der ein Komma rechtfertigen würde. Fazit: Komma verboten!

d) *Entweder wir bestellen bei dem neuen Italiener,* ***der angeblich so gut ist,*** *oder wir gehen in die Kantine!* Nach den langen Erklärungen ist dieser Fall sonnenklar. Der Hauptsatz wird von dem Nebensatz lediglich unterbrochen und mit dem Wort »oder« wiederaufgenommen. Das zweite Komma darf keineswegs fehlen.

14. Streng genommen ist die Zeichensetzung nur in einer dieser Anreden korrekt. In welcher?

Lösung: d)

Begründung:
Im Regelwerk steht: Der oder die Angeredete wird vom Rest des Satzes hervorgehoben. Korrekt ist daher im Grunde nur: *Hallo,* ***Manuela,*** *wann treffen wir uns heute?* Oder: *Guten Tag,* ***Herr Dünkelmann,*** *hiermit …*
Weil jedoch viele damit ihre Probleme hatten (so meine These), ist das erste Komma laut Duden heute freiwillig.

Und bei Attributen, die Teil der Anrede sind, müssen wir es sogar weglassen! Zwischen Attribut und angeredeter Person steht kein Komma, weil sie als Einheit betrachtet werden: ***Sehr geehrte Frau Braunschwätzer,*** *leider müssen …* Oder: ***Meine lieben Kolleginnen und Kollegen,*** *zum Glück …*

15. *Vorangestellte Attribute* sind nicht nur ein Frevel an der Stilistik, sondern obendrein gefährlich. Denn sie lassen uns Kommas »fühlen«, wo keine hingehören. Welcher Satz ist als einziger fehlerfrei?

Lösung: c)

Begründung:
Zum besseren Verständnis sind die vorangestellten Attribute fett markiert:

a) Der ***vorige Woche im großen Meeting vorgestellte und von allen abgesegnete*** *Maßnahmenplan erweist sich in der Umsetzung als überaus schwierig.*
Ein langer Satz mit zwei vorangestellten Attributen, dennoch kommafrei.

b) Die ***von dir ausgesendeten Signale als Reaktion auf die von mir gemachten*** *Avancen beleidigen mich zutiefst.*

Dieser Satz enthält ein sehr langes Attribut, das Verwirrung stiftet. Trotzdem ist bis zum Substantiv »Avancen« nichts passiert. Erst ab dem Verb »beleidigen« wissen wir, was Sache ist. Demnach: kein Komma!

c) Die Vorfreude auf ***das morgen stattfindende, von allen Beteiligten lang ersehnte*** *Treffen steigt von Minute zu Minute.*
Dieser Satz ist korrekt. Hier sind zwei Attribute vorangestellt, die mit einem Komma verbunden sind. Der Satz unter a) enthält zwar ebenfalls zwei Attribute, allerdings steht dazwischen die Konjunktion »und«, die die Funktion des Kommas übernimmt.

d) Keiner der ***von dir über all die Jahre gedateten*** *Männer entsprach ansatzweise unseren Vorstellungen!*
Mit diesem Satz wollte ich dir einen Einschub vorgaukeln, der nicht vorhanden ist. Bist du auf die Gaukelei hereingefallen?

16. Eine Reihe von Konjunktionen verleitet schnell zu überflüssigen Kommas. In welchem Satz ist die Kommasetzung jedoch tadellos?

Lösung: b)

Begründung:
a) Die drei Konjunktionen »aber nur weil« bilden eine feste Fügung.
b) Die Fügung »gesetzt den Fall(,) dass« lässt ein Komma zu. Wir können es aber auch weglassen.
c) Als ob zwischen »als ob« ein Komma stehen würde!
d) Die Reihung »aber ohne dass« steht auch ohne Komma.

Mit Logik geraten wir hier schnell an unsere Grenzen. Also lieber akzeptieren und auswendig lernen!

17. Präpositionaladverbien verschönern unseren Stil. Zum Glück gibt es sie zuhauf! Unter den folgenden Wörtern befindet sich jedoch ein Blender. Wer ist es?

Lösung: f)

Begründung:

In einer Grammatikwelt, in der Wörter wie »wozwischen«, »wohinter« und »wogegen« existieren, ist bestimmt auch Platz für »wogegenüber«. Oder etwa nicht? Zum Beispiel: *Wogegenüber liegt deine Wohnung? Gegenüber von der Tankstelle!* Tut mir leid, doch das war leider ein Märchen. Die Präposition »gegenüber« lässt sich mit keinem Adverb verbinden. Vermutlich, weil sie bereits aus zwei Präpositionen (gegen + über) besteht und sie einen weiteren Bestandteil einfach nicht verkraften würde. Das akzeptieren wir natürlich und fragen alternativ: *Gegenüber wovon liegt deine Wohnung? Gegenüber von der Tankstelle!*

18. Welche Zeitangabe ist im Hinblick auf die Grammatik und die Zeichensetzung als einzige akzeptabel?

Lösung: d)

Begründung:

a) Es fehlt ein Komma vor »um«, da dort der Einschub »dem 5. Dezember« endet.

b) Hier stimmt zwar die Anzahl der Kommas, aber das zweite Komma muss nach vorn gerückt werden, und zwar vor »um«.

c) Die Zeichensetzung stimmt. Allerdings steht der Montag hier im Nominativ, was wir am Verb »sein« erkennen. Deshalb muss es »Montag, *der* 6. Juni 2022« heißen. Wir sagen ja auch »Heute *ist* Freitag, *der* 13. Januar« und nicht »Heute *ist* Freitag, *den* 13. Januar«.

d) Unscheinbar und ohne Komma ist dieser Satz völlig korrekt. Die Präposition »gegen« ersetzt das Komma.

19. Für die wörtliche Rede stehen uns verschiedene An- und Abführungszeichen zur Verfügung. Unabhängig davon will aber keines der anderen Satzzeichen vernachlässigt werden. Wo wurde fahrlässig gehandelt?

Lösung: a)

Begründung:

Das Ausrufezeichen muss in diesem Fall vor dem Abführungszeichen stehen, da es Teil der wörtlichen Rede ist.

20. Welcher Einschub stellt eine Apposition dar?

Lösung: c)

Begründung:

a) Falsch, da nachgestellte Erläuterung. Erkennbar an der Formulierung »genauer gesagt«.
b) Falsch, da Schaltsatz bzw. Parenthese.
c) Richtig. Diese Apposition bestimmt ihr Bezugswort »Martina« genauer.
d) Falsch, da Nebensatz.

21. Wie lautet der Plural von Semikolon?

Lösung: c)

Begründung:

Ein Semikolon wird zu zwei Semikola oder Semikolons. Und dennoch wäre ich hocherfreut, wenn eines Tages eine »Semikolonne« durch deutsche Texte führe. ;;;;;;;;;;;;;;

22. Was trifft nicht auf das Semikolon zu?

Lösung: b)

Begründung:

Genau das kann das Semikolon nicht leisten, denn es verbindet nur gleichrangige Teilsätze. Also entweder zwei Hauptsätze oder zwei Nebensätze auf derselben Ebene, aber niemals einen Haupt- mit einem Nebensatz. Folgende Verbindung sollte uns stutzig machen: *Das Semikolon wird zu selten benutzt;* ***da*** *es in der Anwendung ungewohnt ist.*

23. Der Apostroph wird hierzulande inflationär genutzt. Deine Hilfe ist nötig, um die Inflation zu stoppen! In welchem Fall ist der Apostroph aber zulässig und sinnvoll?

Lösung: b)

Begründung:

a) Im Plural ist der Apostroph immer fehl am Platz.

b) Der Apostroph ist zulässig und sinnvoll. Ohne ihn käme man vielleicht auf die Idee, der Hund würde Lukas und nicht Luka gehören.
c) Feste Fügungen wie »fürs«, »aufs« oder »ins« wollen von einem Apostroph nicht entzweit werden.
d) Dass das Haus dem Nikolaus und nicht dem Osterhasen gehört, wird schon anhand des Genitivartikels »des« klar. Deshalb ist der Apostroph überflüssig.

24. Der Gedankenstrich ist ein hilfreiches Instrument für allerlei Einschübe und Nachträge. In welchem Satz hat er jedoch eindeutig nichts zu suchen?

Lösung: d)

Begründung:
Der Gedankenstrich kann einen Nachtrag ankündigen, der das Vorherige verdeutlicht. Ebenso kann er eine überraschende Wendung einleiten, indem er eine kurze Pause erzeugt. Und zwei Gedankenstriche können etwas Nebensächliches mitten im Satz kennzeichnen. Aber keineswegs ersetzt der Gedankenstrich den Bindestrich!

25. Eine Komposition aus mehreren Wörtern bedarf manchmal eines oder gleich mehrerer Bindestriche. Allerdings gilt es dabei einiges zu beachten. Welche Verbindung ist als einzige »tragfähig«?

Lösung: d)

Begründung:
a) Diesem Straßennamen würde Frau Merkel sicherlich nicht zustimmen, denn es fehlt ein Bindestrich. So wäre er richtig: *Angela-Merkel-Weg 9*
b) Dieser Verbindung mangelt es zwar nicht an Bindestrichen, dafür aber an der Rechtschreibung. Substantive bleiben Substantive und werden auch in solch langen Fügungen großgeschrieben. Und deshalb dürfen wir nur die *Ich-halte-der-Frau-nicht-die-Tür-auf-Männer* tadeln.
c) Hier fehlt wieder ein Bindestrich. Leichtathletikbegeisterte, die etwas von Interpunktion verstehen, schauen das Finale des *100-Meter-Laufs*.

d) Auf ihre *Donauschiff-Fahrt* freuen sich Mariannes Großeltern hingegen zu Recht. Genauso könnten sie sich an einer *Donauschifffahrt* erfreuen, sofern ihnen drei aufeinanderfolgende »f« nicht die Freude verdürben.

26. Welche Aussage über den Doppelpunkt ist falsch?

Lösung: a)

Begründung:

a) Falsch. Zwei Doppelpunkte innerhalb eines Satzes können zwar schnell eigenartig wirken, trotzdem ist dieses Manöver erlaubt.

b-d) Richtig!

27. Welchen Satz könnte man aufgrund übereifrig verwendeter An- und Abführungszeichen missverstehen?

Lösung: b)

Begründung:

a) Sinnvolle Verwendung, weil die Gänsefüße doppeldeutig sind. Zum einen stehen sie für die wahrhaftigen Füße der Gans, zum anderen für die An- und Abführungszeichen, die der Dichter Jean Paul Friedrich Richter populär machte.

b) Verwirrend, weil die Gänsefüße die wahre Bedeutung des Wortes »Vertrauen« infrage stellen. Wer Wert auf einen »vertrauensvollen« Umgang legt, erzeugt leider Misstrauen.

c) Wieder sinnvoll, denn dieser Wortwitz beruht auf Doppeldeutigkeit. Schlecht vorbereitet tritt die Turmspringerin beim Turnier an (sie springt ins kalte Wasser) und schneidet beim wirklichen Turmsprung (ins kalte Wasser) besser ab als erwartet. Zum Totlachen!

d) Noch mal sinnvoll. Hier wird auf »Batman« angespielt, der einen schwarzen Umhang trägt und in der fiktiven Stadt »Gotham City« Verbrecher jagt.

28. In nur einem Fall wurden die Auslassungspunkte korrekt verwendet. In welchem?

Lösung: c)

Begründung:

a) Bei Sprechpausen ... stehen die Auslassungspunkte ... für sich allein.

b) Die Auslassungspunkte hängen lückenlos an unvollständigen Wörtern. Eine Torfnase könnte zur T...e werden, ein Spinner zum Sp...

c) Korrekt. Wenn gleich ganze Wörter weggelassen werden, distanzieren sich die Auslassungspunkte vom letzten Wort. Sie ersetzen dann auch den Schlusspunkt.

d) Diese Variante kennen wir von Werbetafeln, wo Sätze mangels Platz untereinander geschrieben werden. Anders als im Quiz stehen die Auslassungspunkte jedoch frei:

Das Wichtigste ist ...

... dass alle gesund sind.

29. Fünf Satzarten hat das Deutsche mindestens zu bieten. Welche der folgenden zählt jedoch aus sprachwissenschaftlicher Sicht nicht dazu?

Lösung: a)

Begründung:

Der Merksatz ist zweifellos ein Satz. Es gibt sogar Merksätze für die Grammatik, zum Beispiel: *Die Präposition »seit« bezieht sich auf die »Zeit«.* Dennoch erkennt ihn die Sprachwissenschaft nicht als eigene Satzart an. Ein Jammer!

30. Klammern leisten in der deutschen Sprache eine Menge! Was fällt jedoch nicht in ihren Aufgabenbereich?

Lösung: d)

Begründung:

Mehr als ein Paar runde Klammern in nur einem Satz verträgt unser Gehirn nicht. Das Problem kennen wir von unübersichtlichen Excelformeln (Excel ist ein Tabellenkalkulationsprogramm von Microsoft (Microsoft ist ein internationaler Hard- und Softwareentwickler mit Sitz in Redmond (Redmond liegt im Bundesstaat Washington östlich von Seattle (Seattle ist übrigens die Hauptstadt von Washington)))), die uns einiges an Denkleistung abverlangen können.

Danksagung

Gleichwohl auf dem Cover am Ende nur ein Name prangt, so waren doch etliche Menschen an diesem Buch beteiligt.

Mein besonderer Dank gilt meiner Verlobten Marina, die sich in den letzten Monaten nahezu täglich meine eintönigen Berichte über Satzzeichen anhören durfte. Das hielt sie aber nicht davon ab, mir ihre Unterstützung anzubieten. Mein lieber Schatz, deine Anmerkungen zu meinem Stil waren mir eine große Hilfe!

Mein Dank gilt ebenso meinen Eltern, die mir als Probeleser wertvolle Impulse gaben. Außerdem sind sie mir in Bezug auf die deutsche Sprache stets ein Vorbild gewesen. Liebe Mama, lieber Papa, ohne euch würde ich mich sicher nicht so für Grammatik und Zeichensetzung begeistern!

Ebenfalls danke ich meiner Schwester. Liebe Marie, unsere philosophischen Gespräche fördern stets meine Kreativität!

Nun zu meinem besten Freund Moritz Grießler. Erneut bot er sich als Lektor an, und wieder einmal wies er mich auf einige Unschärfen hin, die ich dank seiner detaillierten Anmerkungen beseitigen konnte. Lieber Moritz, dein Lektorat könnte man in ein eigenes Buch umwandeln, so gut fühlte ich mich unterhalten!

Auch mein Freund und Podcast-Kollege Alexander Fink nahm sich mein Manuskript vor und prüfte es auf Herz und Nieren. Ihm ist es zu verdanken, dass sich die Anzahl der Fremdwörter deutlich verringerte. Lieber Alex, vielen Dank! Auf hoffentlich noch viele Episoden von »Hör mal, wer da schreibt«.

Und was würde ein Werk über die trockene Zeichensetzung mehr auflockern als ein paar witzige Illustrationen? Emmylou Unger gelang es, meine bekloppten Geschichten in Bilder zu verwandeln. Liebe Emmylou, du hast wirklich Talent. Vielen Dank, dass dieses Werk davon profitierte!

Quellenverzeichnis

1 DWDS – Digitales Wörterbuch der deutschen Sprache. *Konjunktion, die.* https://www.dwds.de/wb/Konjunktion. Abgerufen am 10.11.2022.

2 Duden online. *Parataxe, die.* https://www.duden.de/rechtschreibung/Parataxe. Abgerufen am 10.11.2022.

3 DWDS – Digitales Wörterbuch der deutschen Sprache. *interrogativ.* https://www.dwds.de/wb/interrogativ. Abgerufen am 10.11.2022.

4 deutsch.lingolia.com. *Interrogativpronomen in der deutschen Grammatik.* https://deutsch.lingolia.com/de/grammatik/pronomen/interrogativpronomen. Abgerufen am 10.11.2022.

5 Rat für deutsche Rechtschreibung. *Deutsche Rechtschreibung. Regeln und Wörterverzeichnis. Aktualisierte Fassung des amtlichen Regelwerks entsprechend den Empfehlungen des Rats für deutsche Rechtschreibung 2016.* S. 81. Mannheim. 2018.

6 korrekturen.de – Portal für Rechtschreibung. *Rechtschreibforum. Re: Kommafrage.* https://www.korrekturen.de/forum.pl/md/read/id/104157/sbj/kommafrage/. Abgerufen am 10.11.2022.

7 DWDS – Digitales Wörterbuch der deutschen Sprache. *Korrelat, das.* https://www.dwds.de/wb/Korrelat. Abgerufen am 10.11.2022.

8 DWDS – Digitales Wörterbuch der deutschen Sprache. *studieren.* https://www.dwds.de/wb/studieren#etymwb-1. Abgerufen am 10.11.2022.

9 Duden online. *radebrechen.* https://www.duden.de/rechtschreibung/radebrechen. Abgerufen am 10.11.2022.

10 Stang, C. / Steinhauer, A. *Komma, Punkt und alle anderen Satzzeichen*. S. 81-85. 2018. Berlin.

11 Staaden, S. *Rechtschreibung und Zeichensetzung endlich beherrschen*. S. 153-154. 2016. Paderborn.

12 Duden online. *danke*. https://www.duden.de/rechtschreibung/danke. Abgerufen am 10.11.2022.

13 Duden online. *bitte*. https://www.duden.de/rechtschreibung/bitte. Abgerufen am 10.11.2022.

14 Moennighoff, B. *Stilistik*. S. 47-48. 2009. Stuttgart.

15 Numbeo. *Europa: Aktueller Kriminalitäts-Index nach Stadt*. https://de.numbeo.com/kriminalität/aktuelle-rankings-nach-region?region=150. Abgerufen am 10.11.2022.

16 Kaufmann, S. (2021, 8. Oktober). *Wurzelgemüse*. Planet Wissen. https://www.planet-wissen.de/gesellschaft/lebensmittel/wurzelgemuese/index.html. Abgerufen am 10.11.2022.

17 Alanyali, I. (2015, 20. August). *Schangen-Experiment: „Ich sah ihr riesiges Maul, dann wurde es dunkel". DIE WELT*. https://www.welt.de/vermischtes/article135095644/Ich-sah-ihr-riesiges-Maul-dann-wurde-es-dunkel.html. Abgerufen am 10.11.2022.

18 Duden online. *Komma bei mehrteiligen Nebensatzeinleitungen*. https://www.duden.de/sprachwissen/sprachratgeber/Komma-bei-mehrteiligen-Nebensatzeinleitungen. Abgerufen am 10.11.2022.

19 Deutsche Grammatik 2.0. *Pronominaladverbien*. https://deutschegrammatik20.de/adjektiv/adverb/pronominaladverbien/. Abgerufen am 10.11.2022.

20 Sick, B. (2004, 26. Februar). *Am Montag, dem oder den?*. https://bastiansick.de/kolumnen/fragen-an-den-zwiebelfisch/am-montag-dem-oder-den/

21 Aschermann, T. (2022, 12. Januar). *Konjunktionen: Liste und Beispiele*. FOCUS online. https://praxistipps.focus.de/konjunktionen-liste-und-beispiele_99722. Abgerufen am 10.11.2022.

22 Duden online. *Kommas bei mit „und“ oder „oder“ eingeleitetem Hauptsatz*. https://www.duden.de/sprachwissen/sprachratgeber/Kommas-bei-mit-und-oder-oder-eingeleitetem-Hauptsatz. Abgerufen am 10.11.2022.

23 Duden online. *Parenthese, die*. https://www.duden.de/rechtschreibung/Parenthese. Abgerufen am 10.11.2022.

24 deutschplus. *Ausrufesatz*. https://www.deutschplus.net/pages/Ausrufesatz. Abgerufen am 10.11.2022.

25 Sick, B. (2004, 7. April). *Der Gebrauch des Fugen-s im Überblick*. https://bastiansick.de/kolumnen/zwiebelfisch/der-gebrauch-des-fugen-s-im-ueberblick/. Abgerufen am 10.11.2022.

26 Duden online. *Bindestrich, um Missverständnisse zu vermeiden*. https://www.duden.de/sprachwissen/sprachratgeber/Bindestrich-um-Missverstandnisse-zu-vermeiden. Abgerufen am 10.11.2022.

27 Stang, C. / Steinhauer, A. *Komma, Punkt und alle anderen Satzzeichen*. S. 189. 2018. Berlin.

28 Bopp, A. (2015, 4. März). *Der standhafte Abkürzungspunkt – Fragen Sie Dr. Bopp!*. https://blog.leo.org/2015/03/04/der-standhafte-abkuerzungspunkt/. Abgerufen am 10.11.2022.

29 Stang, C. / Steinhauer, A. *Komma, Punkt und alle anderen Satzzeichen*. S. 186. 2018. Berlin.

30 Zweites Deutsches Fernsehen. (2022, 11. Februar). *Australiens Koalas vom Aussterben bedroht*. https://www.zdf.de/nachrichten/panorama/koalas-australien-aussterben-bedroht-100.html. Abgerufen am 10.11.2022.

31 Harjung, J. Dominik. *Lexikon der Sprachkunst. Die rhetorischen Stilformen. Mit über 1000 Beispielen*. S. 180-181. 2000. München.

32 Staaden, S. *Rechtschreibung und Zeichensetzung endlich beherrschen*. S. 106. 2016. Paderborn.
33 Rat für deutsche Rechtschreibung. *Deutsche Rechtschreibung. Regeln und Wörterverzeichnis. Aktualisierte Fassung des amtlichen Regelwerks entsprechend den Empfehlungen des Rats für deutsche Rechtschreibung 2016*. S. 95. 2018. Mannheim.
34 Drösser, C. *Ein Pflaster mit Sekundenkleber.* ZEIT ONLINE. https://www.zeit.de/2004/33/Stimmts_33. Abgerufen am 10.11.2022.
35 DWDS – Digitales Wörterbuch der deutschen Sprache. *sic.* https://www.dwds.de/wb/sic. Abgerufen am 10.11.2022.
36 Corrieri, L. / Sill, H. (2022, 2. September). *Die Bedeutung und Beispiele von [sic]*. https://www.scribbr.de/richtig-zitieren/sic/. Abgerufen am 10.11.2022.
37 Duden online. *Apostroph.* https://www.duden.de/sprachwissen/rechtschreibregeln/apostroph. Abgerufen am 10.11.2022.
38 Rat für deutsche Rechtschreibung, *Deutsche Rechtschreibung. Regeln und Wörterverzeichnis. Aktualisierte Fassung des amtlichen Regelwerks entsprechend den Empfehlungen des Rats für deutsche Rechtschreibung 2016*. S. 98. 2018. Mannheim.
39 wissen.de. *Von Hasenohren und Gänsefüßchen.* https://www.wissen.de/von-hasenohren-und-gaensefuesschen. Abgerufen am 10.11.2022.
40 Meier, J. (2021, 18. März). *31 Anführungszeichen-Fails, die ungewollt «lustig» sind.* https://www.watson.ch/spass/bilderwelten/915836740-31-anfuehrungszeichen-fails-die-ungewollt-lustig-sind. Abgerufen am 10.11.2022.

41 Ziegler, A. (2019, 1. Juni). *17 Of The Most Suspicious Quotation Marks Ever Used.* https://www.buzzfeed.com/andrewziegler/quotation-marks-unnecessary-emphasis. Abgerufen am 10.11.2022.

42 Südwestrundfunk. (2019, 26. März). *Matthias Heine: „Verbrannte Wörter" – wann wir heute noch wie Nazis reden.* https://www.swr.de/swr2/literatur/article-swr-17664.html. Abgerufen am 10.11.2022.

43 Typolexikon. (2022, 28. April). *Anführungszeichen.* https://www.typolexikon.de/anfuehrungszeichen/. Abgerufen am 10.11.2022.

44 Feldberg, S. (2021, 10. Juni). *Verrückte Ideen: Wissenschaftler wollen den Kakapo auf kreative Weise retten.* National Geographic. https://www.nationalgeographic.de/tiere/2021/06/verrueckte-ideen-wissenschaftler-wollen-den-kakapo-auf-kreative-weise-retten. Abgerufen am 10.11.2022.

45 Duden online. *Der Schrägstrich.* https://www.duden.de/sprachwissen/sprachratgeber/Der-Schrägstrich. Abgerufen am 10.11.2022.

46 din-5008-richtlinien.de. *Das empfiehlt die DIN 5008 zur Schreibweise von Telefonnummern, Handynummern und Faxnummern.* https://www.din-5008-richtlinien.de/startseite/telefonnummern/. Abgerufen am 10.11.2022.

Printed in Poland
by Amazon Fulfillment
Poland Sp. z o.o., Wrocław

25802806R00121